EL CAMINO DEL ESTOICO

CONTENIDO

LA VIRTUD EN LA VIDA COTIDIANA

En la quietud de cada amanecer, halla un momento para contemplar tu naturaleza; eres un fragmento del cosmos, actúa conforme a ello. La paciencia es más que la habilidad de esperar; es la habilidad de mantener una buena actitud mientras esperas. Cada acto de bondad es, en su esencia, un acto de resistencia contra el tumulto del mundo. La justicia no es meramente una acción pública; es la intención privada que equilibra la balanza.

Encuentra la fortaleza en tu capacidad para adaptarte; el roble más fuerte no es el que resiste la tormenta, sino el que se dobla y sobrevive. La sabiduría verdadera no reside en saber qué hacer en cada momento, sino en saber cuándo no hacer nada. La templanza no te priva de la vida, te prepara para disfrutarla en su plena medida sin ser esclavo de tus deseos.

La vida es fugaz, un susurro entre la eternidad y el ahora; actúa de manera que tu susurro resuene con bondad. La virtud no necesita ser vista para ser válida; es más pura cuando nadie mira. En la simplicidad de la rutina, descubre la oportunidad para la meditación profunda y el crecimiento. Aceptar la impermanencia de todo es aceptar la tranquila verdad del universo; no te aferres, solo vive virtuosamente. Tu carácter es tu destino, moldeado día a día, pensamiento a pensamiento. No es la riqueza lo que nos enriquece, sino la ausencia de la necesidad de riqueza. La felicidad es una flor que brota del jardín de las acciones virtuosas. Cada día nos ofrece una nueva página en el libro de nuestra vida; que cada palabra que escribas sea guiada por la moralidad y la sabiduría. La compasión por otros es un reflejo de la compasión por uno mismo, ambas nacen de la misma semilla de la virtud. La ira es un fuego que quema principalmente al que la sostiene; apágala con la suavidad del entendimiento.

La alegría verdadera se encuentra en el contentamiento, no en la acumulación. A veces, el acto más valiente es perdonar y seguir adelante. La honestidad no sólo es la base de la confianza, es el fundamento sobre el cual se construye toda virtud. Vive cada día como si fuera a la vez el primero y el último, lleno de asombro y serenidad. Enfrenta tus dificultades con la fortaleza de tu convicción y la calma de tu centro. Que tu práctica diaria de la virtud sea tan natural como tu respiración. El verdadero maestro es aquel que ha aprendido cómo aprender de todo lo que la vida le presenta. La gratitud es el reconocimiento de que la vida, con todas sus imperfecciones, es un regalo.

En la aceptación de lo que no podemos cambiar, encontramos la paz. El coraje moral no siempre ruge; a veces, es la voz silenciosa al final del día que dice: "mañana lo intentaré de nuevo". Tus pensamientos son los arquitectos de tu destino; construye con intención y virtud. La moderación no es sólo la medida de la indulgencia, es la medida del gusto. Cuando actúes, hazlo con la plenitud de tu corazón, como si fuera el último acto que la tierra recordará de ti. El respeto por uno mismo es el suelo en el que florece la virtud. No es la fuerza, sino la constancia de los buenos hábitos lo que produce la excelencia. La serenidad no se encuentra al evitar la tormenta, sino al aprender a bailar bajo la lluvia. La sabiduría es saber cuándo es necesario actuar y cuándo es vital detenerse. El perdón es el agua que limpia las heridas del alma; aplícalo generosamente. No hay mayor riqueza que la tranquilidad del alma. En cada acto de escucha, hay una oportunidad para entender más profundamente el universo.

La humildad es el reconocimiento de que, aunque nuestro papel en el cosmos es pequeño, es profundamente importante. Cada momento es una encrucijada: elige el camino de la virtud, aunque sea el más arduo. La verdadera amistad es un refugio seguro en el caos del mundo. El autocontrol es el primer paso hacia la libertad. La belleza de la vida está en su imperfección, en su fugacidad. Vive de manera que tu silencio sea tan poderoso como tus palabras. El valor de nuestras vidas se mide por el amor y la virtud que podemos esparcir. La comprensión es la llave que desbloquea las cadenas del conflicto. El verdadero poder es ser dueño de uno mismo.

Cada elección que haces siembra las semillas del tipo de mundo en el que quieres vivir. La generosidad no es una medida de lo que das, sino de cómo das. En cada despedida hay una lección de impermanencia y gratitud. La equidad es el arte de dar a cada quien lo que es justo, no necesariamente lo que es igual. La paciencia es el arte de esperar con gracia. La compasión es el corazón de la virtud; sin ella, todas nuestras acciones pierden significado. La dignidad no proviene de la autoridad, sino de mantener tu integridad bajo presión. Acepta con gratitud lo que te ofrece el destino, pero nunca dejes de trabajar por lo que crees justo. La sencillez despeja la mente y el alma. La verdadera sabiduría viene de conocerse a sí mismo, más allá de las apariencias. El liderazgo virtuoso es servir sin esperar ser servido. La felicidad no es el objetivo de la vida, sino el subproducto de una vida vivida virtuosamente. La verdad siempre resplandece más clara cuando no se busca aplauso.

La bondad es la única moneda que nunca pierde valor. Observa profundamente, actúa justamente. La disciplina es el puente entre metas y logros. La nobleza se define por las acciones, no por el linaje. El coraje es persistir, incluso cuando el miedo susurra que te detengas. La sabiduría es saber cuándo aferrarse y cuándo dejar ir. La verdadera riqueza es la riqueza del espíritu. No hay tarea pequeña en la economía del bien. El progreso es a menudo silencioso, como las raíces que crecen en la oscuridad. La integridad es la coherencia entre lo que piensas, dices y haces. En cada interacción, elige ser el motivo por el cual alguien aún cree en la bondad. El autoconocimiento es el primer paso hacia la liberación interior.

La perseverancia es la hermana menor del coraje. Cada día trae consigo la semilla de un milagro; solo debes saber cultivarla. En el teatro de la vida, elige siempre interpretar el papel de alguien justo y compasivo. La verdadera paz viene de saber que has hecho todo lo posible por ser bueno y justo. Ama como si el amor pudiera salvar el mundo, porque puede. El éxito no se mide por lo que alcanzamos, sino por los obstáculos que superamos. El equilibrio en todas las cosas es clave para la armonía. La belleza de la naturaleza es un recordatorio constante de cómo deberíamos aspirar a vivir. En la aceptación, encontramos la llave para transformar el sufrimiento en entendimiento. La honestidad no es solo decir la verdad, sino vivir tu verdad. Sé generoso con tu tiempo, tu atención y tu entendimiento. La grandeza no se encuentra en dominar a los demás, sino en dominar tus propios demonios. La comprensión mutua es el tejido que une la sociedad.

No busques ser entendido; busca entender. La libertad verdadera se encuentra en la aceptación de lo inevitable. No hay mayor honor que ser confiable. El respeto es la moneda de la virtud. Cuando enseñas, enseñas doblemente a ti mismo. En cada desafío, hay una oportunidad para afirmar tu carácter. La justicia sin compasión es injusticia. Cada acto de escuchar es un acto de amor. Que tu vida sea un reflejo de tus valores más profundos. El coraje verdadero se manifiesta en las decisiones cotidianas. La coherencia es la joya de la virtud. No es lo que tenemos, sino lo que disfrutamos, lo que constituye nuestra abundancia.

El verdadero entendimiento viene de la observación sin prejuicios. Sé el cambio que deseas ver en el mundo. En la tranquilidad de la noche, encuentra la claridad para el día siguiente. La virtud es el sol que nunca se pone, iluminando incluso los días más oscuros. El respeto hacia uno mismo es la raíz de toda virtud; cultívalo con diligencia. La verdad no necesita ser defendida; simplemente existe, pura y sin adornos. El contentamiento es la fortaleza del espíritu; en él, encontramos nuestra verdadera libertad. La gratitud transforma lo que tenemos en suficiente, y más aún. En cada acto de silencio, hay una sabiduría que habla más fuerte que las palabras. La generosidad es el verdadero calor humano que descongela el hielo de la indiferencia. La serenidad no se adquiere al evitar los problemas sino al enfrentarlos con una mente calmada. Cada acto de perdón es un pilar en el templo de la paz interior.

La moderación es la clave que abre la puerta a la salud del cuerpo y la mente. En la disciplina de nuestros deseos yace la semilla del carácter. La bondad es un lenguaje que los sordos pueden oír y los ciegos pueden ver. Vive de tal manera que, incluso en tu ausencia, tu integridad hable por ti. La humildad es el reconocimiento de que el sol brilla no para sí mismo, sino para el mundo. La justicia verdadera es dar a cada momento lo que merece, en pensamiento y acción. La compasión es el puente entre el entendimiento y el amor. Cada día es una oportunidad para forjar el acero de nuestro espíritu mediante el fuego de nuestras pruebas. El auténtico poder radica en la capacidad de controlar no a los demás, sino a uno mismo.

La belleza de la vida reside en su capacidad de sorprendernos, enseñándonos a valorar el momento. La paciencia es la sabiduría de reconocer el ritmo adecuado del universo. La honestidad es el primer capítulo en el libro de la sabiduría. En la aceptación de nuestras limitaciones, encontramos el camino hacia el crecimiento. La verdadera sabiduría es como un río; su profundidad está en su calma. La nobleza de espíritu se mide por la facilidad con la que perdonamos a los demás. La perseverancia es la hermana del éxito; juntas, son invencibles. En la sencillez de la vida cotidiana se encuentran las verdaderas joyas de la sabiduría. La dignidad es mantenerse firme en tus principios, incluso cuando el mundo te pide que cedas. El liderazgo verdadero se manifiesta en la capacidad de inspirar virtud en otros. La felicidad se encuentra al seguir el curso natural de la virtud. El coraje es el amanecer que sigue a la noche del miedo. La generosidad no vacía tus manos; las llenas de bendiciones. El respeto es el idioma universal que todos deberíamos hablar fluidamente.

La gratitud abre las puertas de la plenitud. La coherencia entre lo que decimos y hacemos es el verdadero testimonio de nuestra virtud. En cada elección pequeña, se refleja nuestro carácter más grande. La justicia es el equilibrio que mantiene el mundo en armonía. La sabiduría es el arte de saber cuál batalla vale la pena luchar. La compasión es el sol que derrite la distancia entre dos almas. La verdadera riqueza es estar satisfecho con lo que se tiene. El autocontrol es el escudo que protege nuestras virtudes. El valor no siempre se muestra en la batalla; a menudo, se encuentra en el perdón. La paciencia es un árbol cuyas raíces son amargas, pero sus frutos, muy dulces.

La generosidad es el verdadero signo de un corazón grande. En la serenidad del alma se refleja la claridad del universo. El auténtico poder es ser capaz de bendecir a otros cuando uno mismo está en la adversidad. La dignidad nunca se pierde cuando se da libremente a otros. La nobleza se muestra en actos de bondad sin testigos. La perseverancia es el pulso constante del corazón virtuoso. En la sencillez se encuentra la verdadera elegancia del espíritu. La humildad es el silencioso reconocimiento de que, sin los demás, somos nada. El liderazgo es la capacidad de convertir visión en realidad. La felicidad es el eco de la vida vivida con virtud. El coraje es reconocer tu miedo y elegir actuar a pesar de él. La comprensión es el regalo más valioso que podemos ofrecer. La justicia sin bondad es como una flor sin fragancia. La verdadera riqueza es la paz interior que el mundo no puede perturbar. El autocontrol es el arte de dirigir la sinfonía de la vida. El valor se encuentra en la lucha diaria contra las pequeñas injusticias.

La paciencia es la antorcha que ilumina el camino a la sabiduría. La generosidad engrandece el alma del que da y del que recibe. La serenidad es la firma del alma que ha visto a través de las ilusiones del mundo. El poder real es la habilidad de controlar tus propias pasiones. La dignidad es el derecho de cada ser a ser respetado como un reflejo del cosmos. La nobleza es la calidad de nuestras acciones en ausencia de espectadores. La perseverancia es la amiga silenciosa que camina a nuestro lado, sin fallos. En la sencillez de la naturaleza, encontramos las respuestas a las complejidades de la vida. La humildad es el reconocimiento de que somos eternos aprendices en la escuela de la vida.

El liderazgo es menos acerca de la imposición y más sobre el ejemplo. La felicidad no es el destino; es la manera de viajar a través de la vida. El coraje verdadero se muestra cuando nadie está mirando. La comprensión es la llave que abre todas las puertas cerradas por el prejuicio. La justicia es la música que debe danzar toda sociedad civilizada. La verdadera riqueza es el conocimiento que se comparte libremente. El autocontrol es la verdadera prueba de la fuerza interior. El valor se demuestra en mantener la esperanza cuando todo parece perdido. La paciencia es el arte de cultivar la belleza en el jardín del tiempo. La generosidad no solo alimenta al que recibe, sino que nutre el alma del que da. La serenidad no es la ausencia de la tormenta, sino la paz dentro de ella. El poder verdadero reside en la capacidad de perdonar sin reservas. La dignidad es el vestido del alma, visible solo a través de nuestros actos. La nobleza es recordar nuestras raíces mientras alcanzamos las estrellas.

La perseverancia es el eco de nuestra fe en el futuro. En la sencillez de un gesto puede residir la cumbre de la compasión. La humildad es el mejor vestido que uno puede llevar en el banquete de la vida. El liderazgo es la capacidad de inspirar a otros a ser mejores. La felicidad es cuando lo que piensas, lo que dices, y lo que haces están en armonía. El coraje es el fuego que ilumina el camino en la oscuridad del miedo. La comprensión mutua es el cemento que une a la sociedad. La justicia es el hilo dorado en el tapiz de la civilización. La verdadera riqueza es la libertad del alma.

El autocontrol es la joya más preciosa en la corona del carácter. El valor es la moneda de la virtud. La paciencia es el guardián del tiempo y el maestro de la sabiduría. La generosidad es el verdadero espejo en el que se refleja nuestra humanidad. La serenidad es el regalo de entender que todo lo que sucede tiene un propósito. El poder real es ser dueño de tu destino. La dignidad es la columna que sostiene el templo de nuestra humanidad. La nobleza es actuar con rectitud incluso cuando nadie está observando.

La perseverancia es el hilo con el que se teje el manto de los sueños. En la sencillez encontramos el refugio más seguro contra la complejidad del ego. La humildad es el suelo fértil donde florecen todas las demás virtudes.

LA FORTALEZA INTERIOR

La fortaleza interior se forja en el silencio de nuestras batallas más solitarias. En el núcleo de cada ser, reside una chispa inextinguible; esa es la fuente de toda verdadera fortaleza. La resiliencia no es la ausencia de dolor, sino la capacidad de avanzar a pesar de él. Encuentra en cada prueba, no un adversario, sino un maestro que te moldea con manos invisibles. El valor no se proclama, se descubre en los momentos en que decidimos levantarnos una vez más.

La fortaleza es el arte de convertir las cicatrices en pinceladas de sabiduría en el lienzo de la vida. En la quietud del amanecer, recuerda que cada día trae una nueva fortaleza, tejida en el silencio de la noche. El espíritu indomable es aquel que puede mirar a través de las tormentas y ver el sol que aún espera nacer. La verdadera fuerza no es dominar a los demás, sino dominarse a sí mismo en momentos de desafío.

El coraje es la voz tranquila al final del día que dice: "Mañana lo intentaré de nuevo." La fortaleza interior es la estrella que no se ve durante el día, pero que guía a los navegantes en la oscuridad de la noche. La perseverancia es el susurro del alma que dice: "No puedo evitar las tormentas, pero puedo aprender a navegarlas." La firmeza de carácter se mide no por las veces que caemos, sino por las veces que nos levantamos, sacudimos el polvo y seguimos adelante. En la profundidad de la adversidad, nacen las joyas más preciadas de la fortaleza humana. La dignidad es mantener la cabeza alta cuando el mundo espera que te desplomes. La verdadera fortaleza es como el agua: suave y flexible, pero capaz de erosionar la roca más dura. Cada aliento es un recordatorio de que mientras vivimos, tenemos la oportunidad de fortalecernos. La resiliencia es la poesía del espíritu, que encuentra belleza en las ruinas y canta en las cenizas. El autocontrol es la primera manifestación de la fortaleza interior; sin él, somos como hojas al viento.

La fuerza no es ruido; a menudo es el silencio en el que se toman las decisiones más difíciles. La serenidad no es la ausencia de la lucha, sino la presencia de una paz conquistada. El coraje es un fuego interno; alimentarlo es un arte que se perfecciona con cada desafío superado. La paciencia es el telón de fondo contra el cual se revela el poder de la perseverancia. La autenticidad es la raíz de la fortaleza; ser fiel a uno mismo es el primer paso hacia la invencibilidad. El verdadero poder es ser capaz de cambiar tu historia, no negarla. La fortaleza es la comprensión de que cada obstáculo es una puerta disfrazada, esperando ser abierta.

La independencia emocional no significa aislamiento, sino la capacidad de estar solo y no desmoronarse. La tenacidad es la hermana menor del coraje, siempre lista para sostener la mano cuando flaqueamos. En cada suspiro de desaliento, hay un espacio para un aliento de esperanza. La integridad es el cimiento sobre el cual se construye toda fortaleza duradera. El optimismo es el alquimista que transforma el plomo de la adversidad en oro de sabiduría. La fortaleza es la elegancia con la que enfrentamos nuestras batallas, conocidas solo por nosotros. En el jardín del espíritu, la perseverancia florece incluso en el invierno más crudo. La constancia es escribir la misma palabra, día tras día, hasta que se convierte en la historia de tu triunfo. La fortaleza interior es un libro escrito en el idioma del alma, entendido solo por aquellos que han llorado y se han levantado. La valentía no es el rugido del león, sino el silencioso levantarse después de una caída.

En la arquitectura del espíritu, cada piedra de desesperación puede ser la base de un nuevo templo de fuerza. El coraje es la decisión de enfrentar lo desconocido y la voluntad de no retroceder. La resiliencia es la melodía que se toca en las cuerdas del corazón, afinadas por las pruebas. El autoconocimiento es el mapa que nos guía a través de los desiertos internos hacia oasis de calma. La autodisciplina es la guardiana de la fortaleza, asegurando que no nos desviemos del camino. La firmeza es el eco de un espíritu que no se quebranta ante el grito de la adversidad. La verdadera fuerza es la habilidad de ser vulnerable y, aun así, no ser quebrado.

En cada acto de renuncia, hay una victoria del espíritu sobre la materia. La fortaleza es un fuego; cuánto más se le alimenta, más brillante arde en la oscuridad. La perseverancia es la sombra fiel que sigue cada paso hacia adelante, sin importar cuán pequeño sea. La independencia es la capacidad de decir 'no' cuando el mundo entero espera un 'sí'. El verdadero coraje es un río tranquilo que corre profundo bajo la superficie de la calma. La paciencia es la ciencia de la fortaleza, la cual enseña que todo tiene su momento. La serenidad es el premio de haber navegado con éxito las tormentas internas. La dignidad es portar nuestras cicatrices como medallas, no como cadenas. El optimismo es el faro que ilumina el camino a través de la niebla del pesimismo. La autenticidad es el coraje de ser quién eres, incluso cuando el mundo espera otra cosa. La tenacidad es la fibra más fuerte en el tejido de la vida; sin ella, nos deshilachamos. La fortaleza no es nunca caer, sino levantarse cada vez que ocurre.

La integridad es la bandera que ondea alto, anunciando nuestra posición inamovible ante la adversidad. En cada desafío, hay una oportunidad de reafirmar nuestra resolución y fortalecer nuestro espíritu. La constancia es el pulso constante del corazón que no conoce el desistimiento. La fortaleza interior es una danza entre la aceptación de lo que es y la determinación de cambiar lo que puede ser. La valentía es el arte de mantener la cabeza en alto cuando el peso del mundo intenta doblegarte. En el teatro de la vida, la fortaleza es el papel principal que todos estamos destinados a interpretar.

El coraje es la luz en la ventana que guía a los perdidos de vuelta a casa. La resiliencia es el arte de coser nuevas esperanzas en el tejido roto de los sueños. El autoconocimiento es el espejo en el que vemos la verdadera extensión de nuestra fuerza. La autodisciplina es el precio de la libertad; sin ella, somos esclavos de nuestras propias debilidades. La firmeza es el timón que nos permite navegar las aguas turbulentas de la vida. La verdadera fuerza es un susurro que puede mover montañas. En cada acto de resistencia contra la desesperación, brillamos un poco más fuerte. La fortaleza es un faro, brillando más intensamente en la tormenta más oscura. La perseverancia es el lenguaje secreto de los fuertes. La independencia emocional es la música de quienes bailan solos, pero nunca sin gracia. El verdadero coraje es una composición escrita en los momentos de silencio entre batallas. La paciencia es la llave maestra que abre puertas cerradas por el tiempo y la duda. La serenidad es el premio de los valientes que han enfrentado sus miedos y han encontrado paz.

La dignidad es la corona invisible que nunca se quita, sin importar las tormentas. El optimismo es la fe que conduce al éxito; sin él, nos perdemos en el camino. La autenticidad es el acto de gracia por el cual vivimos nuestras verdades, sin máscaras. La tenacidad es el fuego que se niega a extinguirse, incluso cuando el viento sopla en contra. La fortaleza no se grita, se demuestra en la quietud con la que enfrentamos el caos. La integridad es el sello que autentica nuestras acciones y nuestro carácter. En cada desafío superado, la constancia es nuestra compañera más leal. La fortaleza interior es un jardín que florece incluso en el invierno de la desolación.

La valentía es el perfume que se desprende del alma cuando enfrentamos nuestros temores. En el escenario del mundo, la fortaleza es el papel que nunca se apaga, incluso cuando cae el telón. El coraje es el compañero de viaje que nos lleva a través de los caminos más oscuros. La resiliencia es el arte de reconstruirse, una y otra vez, más fuerte cada vez. El autoconocimiento es el descubrimiento de que en nuestro interior yace un océano de fuerza inexplorado. La autodisciplina es la artesanía con la que esculpimos nuestra fortaleza día tras día. La firmeza es el testimonio de un espíritu que se ha templado en las llamas de innumerables batallas. La verdadera fuerza es suave; es el poder del agua que abraza y al mismo tiempo talla piedras. En cada paso hacia adelante, la perseverancia susurra palabras de aliento. La independencia emocional es la declaración de que somos nuestros propios salvadores. El verdadero coraje es un cuadro pintado con los colores del atardecer después de la tormenta. La paciencia es el arte de esperar que el barro se asiente y el agua se aclare.

La serenidad es el arte de mantener la calma en el ojo del huracán. La dignidad es nuestra indumentaria esencial, tejida con la fibra de nuestros principios. El optimismo es el guía que nos lleva a través del laberinto de la incertidumbre. La autenticidad es la única moneda que conserva su valor en cualquier mercado de la vida. La tenacidad es la determinación de seguir adelante, incluso cuando el camino desaparece. La fortaleza no es un don, es una elección; elegida en cada momento de duda y en cada amanecer. La fortaleza interior es el faro que permanece inquebrantable frente a las olas turbulentas del destino. En el silencio de tu soledad, encuentra la voz que te guía hacia tu verdadero poder.

La perseverancia es la amiga que nunca abandona, sosteniendo tu mano en los días más oscuros. La valentía se encuentra en los pequeños gestos de resistencia diaria contra las corrientes de la adversidad. La integridad es el suelo firme sobre el que puedes erigir el edificio de tu vida. El coraje es el poema que escribes cada día con las acciones que otros no ven. La resiliencia es como el bambú: se inclina, pero no se quiebra bajo el peso de los vientos más fuertes. El autocontrol es la semilla de la que brota el árbol robusto de la fortaleza interna. La verdadera fuerza surge en los momentos de soledad, cuando nadie más está mirando. El espíritu indomable es aquel que encuentra en cada final un nuevo comienzo. La paciencia es la tela con la que se teje el manto de la paz interior. La serenidad es el arte de cultivar un jardín tranquilo en medio de la tempestad. El autoconocimiento es el escudo que protege contra las flechas de la duda y el miedo.

La independencia emocional es la declaración de que el único juez de tu valor eres tú mismo. La fortaleza no se mide por la capacidad de permanecer inmóvil, sino por la habilidad de moverse adelante con gracia. El optimismo es el sol que se niega a ser eclipsado por las nubes de la desesperanza. La tenacidad es la música que toca el alma, una melodía de persistencia inquebrantable. En cada acto de autenticidad, te construyes un bastión contra las tormentas del mundo. La dignidad es el lenguaje universal que habla de tu fortaleza sin necesidad de palabras.

La resolución es la firma que estampas al pie de cada desafío superado. El coraje es un río que corta a través del paisaje más difícil, abriendo caminos donde antes no los había. La paciencia no es pasiva; al contrario, es una acción activa de mantener tu centro en el caos. La serenidad no es huir del ruido, sino encontrar la quietud dentro del propio tumulto. La valentía es el derecho a elegir tu camino, incluso cuando el mundo señala en otra dirección. La integridad es el arte de mantener tus colores verdaderos, incluso bajo la lluvia más gris. La perseverancia es el pulso del guerrero pacífico, cuyo corazón late al ritmo de la constancia. El autocontrol es la brújula que dirige tus pasos cuando las emociones intentan desviarte. El espíritu indomable es la obra de arte más pura, esculpida a través de las pruebas del tiempo. La verdadera fuerza es el idioma que habla directamente al alma, sin necesidad de traducción. La paciencia es el aliento que sostiene el espíritu en los momentos de prueba. La serenidad es el premio de aquellos que han navegado mares internos tormentosos y han encontrado calmas aguas.

La autodisciplina es el arquitecto de un destino construido sobre cimientos sólidos. La independencia emocional es tu declaración de independencia, un manifiesto de libertad personal. La fortaleza interior es un río subterráneo, siempre presente, aunque no siempre visible. El optimismo es el fuego que mantiene cálida tu esperanza en las noches más frías. La tenacidad es la tinta con la que se escribe la verdadera historia de la superación. La autenticidad es tu estandarte en la batalla contra las imposiciones del mundo. La dignidad es el traje que vistes, tejido con el hilo de tus principios inquebrantables.

La resolución es el eco de tus pasos en el camino hacia la cima de tus desafíos. La integridad es el espejo en el que puedes mirarte sin vacilar, sabiendo que has vivido verdaderamente. El coraje es el compañero silencioso que camina contigo, incluso cuando otros no pueden seguirte. La paciencia es el arte de cultivar flores en el jardín de la espera. La serenidad es la luz suave que ilumina el camino a través de la oscuridad del miedo. La valentía es el acto de plantar tus pies firmemente en la tierra de tus convicciones. La perseverancia es el lienzo sobre el cual pintas tu obra maestra de resiliencia. El autocontrol es el maestro que enseña sin palabras, a través del ejemplo de su constancia. El espíritu indomable es un libro cuyas páginas nunca se terminan de escribir. La verdadera fuerza es la poesía compuesta en el silencio de la introspección. La paciencia es el puente que atraviesas para llegar desde el hoy agitado hasta el mañana pacífico. La serenidad es la aceptación del ciclo de la vida, reconociendo que cada fin es un nuevo comienzo. La autodisciplina es el guardián que protege el tesoro de tu potencial no realizado.

La independencia emocional es la música de un baile solitario, bailado con la cabeza en alto. La fortaleza interior es el escudo que llevas, no visible para el mundo, pero siempre presente. El optimismo es la estrella que guía tu camino a través de la noche más oscura. La tenacidad es el fuego que prueba el oro de tu carácter, refinándolo hasta que brille con luz propia. La autenticidad es el pulso que late fuerte y claro, un ritmo verdadero en un mundo de imitaciones. La dignidad es el aroma que permanece después de que todas las otras impresiones se desvanecen. La resolución es la fuerza de voluntad que se endurece en el fuego de la adversidad.

La integridad es la moneda de oro en el comercio de tu vida; nunca se devalúa. El coraje es el primer paso que tomas en el viaje hacia lo desconocido, armado solo con tu fe. La paciencia es el arte de saber cuándo actuar y cuándo dejar que el tiempo haga su trabajo. La serenidad es el arte de encontrar la melodía en el caos, la canción en el silencio.

La valentía es el destello de claridad en el momento de la decisión. La perseverancia es la historia que cuentas cada vez que te levantas, un relato de invencible esperanza. El autocontrol es la habilidad de dirigir la orquesta de tus emociones, asegurando que cada nota se toque en armonía. El espíritu indomable es el viento que nunca deja de soplar, sin importar cuán fuerte sea la tormenta. La verdadera fuerza es el silencio que habla más fuerte que todas las palabras de desánimo. La paciencia es la sabiduría de reconocer que el crecimiento verdadero lleva tiempo.

La serenidad es el premio de entender que, aunque no puedes controlar el viento, puedes ajustar tus velas. La autodisciplina es el arte de mantener el curso cuando las corrientes intentan arrastrarte lejos. La independencia emocional es la capacidad de ver la tormenta y aun así elegir la calma. La fortaleza interior es la luz en la ventana que promete seguridad en la noche más fría. El optimismo es el aliado que susurra palabras de aliento cuando el mundo murmura dudas. La tenacidad es el bastón en el que te apoyas cuando el camino se vuelve demasiado empinado. La autenticidad es el derecho de nacimiento que reclamas cada vez que eliges ser tú mismo, a pesar de todo.

La dignidad es la bandera que ondea, no importa cuán fuerte sea el viento. La resolución es la marca de cada paso que das en el terreno de la adversidad. La integridad es el refugio seguro donde puedes descansar, sabiendo que has dado lo mejor de ti. El coraje es el amanecer que rompe la oscuridad, prometiendo un nuevo día lleno de posibilidades. La paciencia es la compañera tranquila que te enseña a abrazar la espera como un amigo, no como un enemigo. La serenidad es la firma que dejas en cada obra de calma que creas en medio del caos. La valentía es el fuego que ilumina tu camino en los días en que la luz parece desvanecerse. La perseverancia es el eco de tus pasos, resonando en los valles de la duda y escalando las montañas del miedo. El autocontrol es el maestro que nunca grita, pero cuya lección es más potente que cualquier grito. El espíritu indomable es la corriente subterránea que siempre encuentra su camino hacia el mar, sin importar los obstáculos.

La verdadera fuerza es la comprensión de que cada desafío es simplemente un disfraz para una oportunidad. La paciencia es el arte de construir un puente sobre el río de la impaciencia. La serenidad es la sabiduría de aceptar lo que no puedes cambiar y cambiar lo que puedes. La autodisciplina es el cincel con el que esculpes la estatua de tu futuro. La independencia emocional es la poesía que escribes en las páginas de tu diario personal, un canto a la libertad. La fortaleza interior es el tesoro que descubres en el mapa de tus pruebas.

El optimismo es la brújula que siempre apunta hacia la esperanza, no importa cuán nublado esté el cielo. La tenacidad es la raíz que se aferra al suelo, incluso cuando la tierra se sacude. La autenticidad es la flor que florece, sin importar cuántos inviernos haya soportado. La dignidad es la calidad que te define, no por lo que posees, sino por cómo te comportas. La resolución es el compromiso que haces con tu futuro cada vez que enfrentas un revés. La integridad es la moneda con la que pagas tu camino hacia el respeto propio y el respeto de los demás. El coraje es la llave que abre todas las puertas cerradas por el miedo. La paciencia es el regalo que das a tu futuro, un espacio para que crezca y florezca. La serenidad es la verdadera victoria sobre las batallas internas, un triunfo que no necesita espectadores para ser real.

CONTROL DE LAS EMOCIONES

El control de las emociones comienza en el silencio de tu propio corazón, donde solo tú puedes oír los susurros de tu mente. La paz interior se alcanza cuando aprendemos a navegar las olas de nuestras pasiones, no negándolas, sino dirigiéndolas con sabiduría. La serenidad es el arte de mantener la calma en el teatro de la agitación, donde cada emoción busca ser la protagonista. Dominar tus emociones es como aprender a dirigir una orquesta sin que la música te domine. La paciencia es el lienzo sobre el cual pintamos la obra maestra de nuestra tranquilidad, trazo a trazo.

El autocontrol es la joya más preciada en la corona de la sabiduría; quien la posee, reina sobre sí mismo. Las emociones son como las estaciones: cambian, pasan, y, sobre todo, nos enseñan a adaptarnos. La verdadera fortaleza es saber cuándo dejar que una emoción hable y cuándo pedirle que guarde silencio. La calma no es la ausencia de emociones, sino la habilidad de estar en plena tormenta y aun así encontrar el centro de quietud.

La dignidad se mantiene cuando nuestras emociones son invitadas a sentarse, pero no a tomar el control de la mesa. La sabiduría emocional es el arte de filtrar lo que sentimos a través de lo que sabemos. Quien domina sus emociones construye un puente sobre el abismo del caos. La autenticidad requiere que reconozcas tus emociones, no que las dejes reinar sobre ti. El equilibrio emocional es el baile entre aceptar lo que sientes y controlar cómo actúas. El autoconocimiento es saber que una emoción es solo una nube que pasa por el cielo de tu mente. La moderación en nuestras reacciones es el primer paso hacia la paz interior. Cada emoción que gestionas adecuadamente es una victoria en la batalla por tu serenidad. La paciencia con uno mismo es el primer amor verdadero; todo lo demás fluye de esta fuente. El coraje no es la ausencia de miedo, sino la decisión de que hay algo más importante que el miedo. La gratitud es el antídoto contra la amargura, un bálsamo que suaviza el corazón endurecido por las decepciones.

La comprensión de que cada emoción tiene su lugar y tiempo es la clave para no ser esclavizados por ellas. El control emocional es la habilidad de diferenciar entre una reacción impulsiva y una respuesta meditada. La empatía es el acto de sentir con otros, pero manteniendo la claridad de que sus emociones no son las tuyas. La humildad es aceptar que nuestras emociones son visitantes, no los dueños de la casa. La perseverancia es mantener la calma incluso cuando tus emociones intentan llevarte a la tormenta.

La compasión por uno mismo es entender tus emociones sin juzgarte por sentir. El autocontrol no es suprimir lo que sientes, sino entender por qué lo sientes. El respeto propio crece cuando manejas tus emociones con la misma diligencia con la que manejarías las de alguien a quien amas. La ira es un fuego; controlada, puede forjar carácter, descontrolada, puede consumirlo. La serenidad es el resultado de cultivar una mente que puede observar sus propias emociones sin perderse en ellas. El dominio emocional es la ciencia de conocer la química de tus reacciones y transformarlas en acciones pensadas. La tranquilidad es un jardín donde las flores del pensamiento no son ahogadas por las malas hierbas de la emoción impulsiva. El coraje emocional es la capacidad de enfrentar tus sentimientos sin dejar que te definan. La integridad es cuando tus acciones no son meras reacciones a tus emociones, sino decisiones conscientes. El optimismo es un rayo de luz que no niega la presencia de la oscuridad, pero siempre busca el amanecer. La resiliencia emocional es la habilidad de rebotar después de una tormenta de sentimientos. La honestidad emocional es no esconder tus sentimientos de ti mismo, por incómodos que sean.

El control de las emociones es saber cuándo dejar que una lágrima caiga y cuándo sostenerla hasta entender su origen. La sabiduría es escuchar lo que tus emociones intentan decirte, no dejar que te dicten qué hacer. La paz es el regalo que te das cada vez que decides no ser prisionero de tus emociones pasajeras. La disciplina emocional es la habilidad de mantener tus sentimientos en fila, incluso cuando quieren correr salvajes. La empatía no es solo sentir lo que otros sienten, sino entender por qué lo sienten sin perder tu centro. La modestia es reconocer que nuestras emociones son solo una parte de nuestro ser, no el todo.

La constancia es mantener la calma en un mar de cambios emocionales. El valor es admitir tus emociones, el valor mayor es no actuar bajo su dictado. La gratitud es contar tus bendiciones, incluso en días cuando tus emociones cuentan tus faltas. La comprensión emocional es la habilidad de ver tus emociones como mensajes que necesitan ser interpretados, no órdenes que deben ser seguidas. La humildad en el control emocional es saber que, aunque puedes dirigir tus emociones, no siempre puedes predecirlas. La perseverancia emocional es la práctica de volver a tu centro una y otra vez, no importa cuánto te alejes. La compasión hacia uno mismo es el reconocimiento de que está bien sentir, pero es mejor entender. La reflexión es la puerta hacia el control emocional, el lugar donde tus sentimientos se encuentran con tu mente consciente. La ira gestionada correctamente puede ser un maestro, la ira dejada libre puede ser un tirano.

La serenidad se logra no evitando las emociones, sino gestionándolas con gracia. El dominio de uno mismo en el reino emocional es el verdadero signo de la realeza interior. La tranquilidad no es la ausencia de emoción, sino la presencia de una respuesta meditada. El coraje emocional es la fuerza para ser vulnerable y la fortaleza para ser honesto sobre tus sentimientos. La integridad emocional es ser coherente entre lo que sientes, lo que dices, y lo que haces. El optimismo es la habilidad de ver más allá de las nubes de tus emociones actuales. La resiliencia es tu capacidad para pasar a través de tus emociones como un barco navega a través de la niebla. La honestidad con uno mismo es el primer paso hacia la libertad emocional.

El control emocional es como el arte de la pintura: requiere paciencia, práctica y la habilidad de ver más allá del caos de los colores. La paz emocional es la música que resulta cuando tus emociones y tu razón tocan en armonía. La disciplina emocional te permite disfrutar de tus emociones como disfrutarías de las olas en la orilla, sin dejar que te arrastren mar adentro. La empatía es la habilidad de escuchar el corazón de otro sin perder el ritmo del tuyo. La modestia emocional es aceptar que, aunque nuestras emociones son poderosas, no son todopoderosas. La constancia es la habilidad de mantener un curso emocional constante, incluso cuando las tormentas de la vida quieren desviarte. El valor es la luz que llevas contigo en la oscuridad del miedo y la incertidumbre. La gratitud es el sol que se levanta sobre el horizonte de nuestras preocupaciones diarias. La comprensión emocional es un puente que conecta lo que sientes con lo que sabes.

La humildad es saber que cada emoción, sin importar cuán profunda parezca, es pasajera. La perseverancia emocional es el acto de caminar a través de tus miedos con la cabeza en alto. La compasión hacia uno mismo es el abrazo que te das cuando entiendes que ser humano es sentir. La reflexión emocional es el espejo en el que tus verdaderos sentimientos se ven claramente. La ira controlada puede ser un llamado a la acción, la ira descontrolada es un llamado al desastre. La serenidad es el premio de los valientes que han enfrentado sus emociones y han encontrado paz.

El dominio de uno mismo es el trofeo ganado en muchas batallas pequeñas en el campo de las emociones. La tranquilidad es el regalo que te das cada vez que decides actuar desde tu centro, no desde tus circunstancias. El coraje emocional es admitir cuando estás herido y buscar sanar en lugar de esconder la herida. La integridad emocional es la consistencia entre tus valores y tus respuestas emocionales. El optimismo es mantener una vela encendida en la ventana para tus esperanzas, incluso en la noche más oscura. La resiliencia emocional es saber que después de la tormenta, tu sol interior aún puede brillar. La honestidad emocional es ser transparente sobre tus sentimientos, incluso cuando sería más fácil ocultarlos. El control emocional es el maestro que enseña sin alzar la voz, pero cuyas lecciones son vitales. La paz emocional es un río que fluye suavemente, llevando lejos las preocupaciones del día. La disciplina emocional es la fuerza que te permite sostener tus emociones en tus manos sin dejar que se escurran. La empatía es sentir con alguien más, no por ellos; es un acompañamiento, no una absorción. La modestia emocional es reconocer que no siempre necesitamos ser el centro del drama emocional.

La constancia emocional es la quietud en el ojo del huracán de tus sentimientos. El valor es mirar tus emociones a los ojos y no parpadear primero. La gratitud es la llave que abre la puerta a una vida emocional más rica y satisfactoria. La comprensión emocional es la sabiduría de saber que cada sentimiento tiene un propósito, incluso si ese propósito no está claro de inmediato. La humildad es el reconocimiento de que nuestras emociones son maestras, pero no amas.

La perseverancia emocional es el arte de seguir adelante, incluso cuando tus emociones te piden que te detengas. La compasión hacia uno mismo es el reconocimiento de que está bien no estar bien todo el tiempo. La reflexión es el acto de mirar dentro de ti mismo, para entender mejor tus emociones, no para juzgarlas. La ira controlada puede ser una herramienta, la ira desatada es un arma. La serenidad es la recompensa por haber aprendido a flotar sobre las aguas de tus emociones, en lugar de hundirte en ellas. El dominio de uno mismo es la victoria más dulce, ganada no en campos de batalla, sino dentro de las paredes de tu propio corazón. La tranquilidad es el resultado de años de práctica en el arte de no dejar que tus emociones te dominen. El coraje emocional es la valentía de ser auténtico en un mundo que a menudo premia las máscaras. La maestría emocional es el acto de equilibrar lo que sientes con lo que sabes que es correcto. La paciencia es el arte de soportar las tormentas emocionales con la certeza de que la calma llegará.

El autocontrol es el timón que guía tu barco emocional a través de mares turbulentos hacia aguas serenas. La empatía es la habilidad de comprender las emociones de otros sin perder de vista las tuyas propias. La integridad emocional es ser fiel a tus sentimientos mientras respetas los sentimientos de los demás. La serenidad es un estado alcanzado no por la ausencia de emociones, sino por la comprensión profunda de su propósito. La disciplina emocional es el compromiso de enfrentar cada sentimiento con coraje y claridad. El valor para manejar tus emociones proviene de la comprensión de que cada una de ellas te enseña algo vital sobre ti mismo.

La honestidad emocional no solo mejora tus relaciones, sino que también fortalece tu autoestima. La gratitud transforma el paisaje emocional de nuestro interior, iluminando los rincones oscuros de nuestra mente. La resiliencia emocional es la habilidad de recuperarte rápidamente de las decepciones, utilizando cada experiencia como un escalón hacia la madurez. La modestia emocional implica reconocer que nuestras emociones son solo una parte de la vasta experiencia humana. La constancia en el control emocional es como el ejercicio físico: cuanto más lo practicas, más fuerte te vuelves. La comprensión de tus emociones es tan crucial como la comprensión de tus pensamientos, pues ambos dictan tu comportamiento. La perseverancia en la gestión emocional es lo que permite que la sabiduría se desarrolle a partir de la repetición de desafíos. La empatía es ver el mundo a través de los ojos emocionales de otro, sin perder de vista tu propia perspectiva. El autoconocimiento es fundamental para el control emocional; solo puedes gestionar aquello que comprendes completamente.

La serenidad es el premio por haber aprendido a aceptar tus emociones sin permitir que te controlen. La autenticidad en la expresión emocional es la verdadera medida de cómo vives tu vida en armonía con tus valores. El control de las emociones no es suprimir lo que sientes, sino entender por qué lo sientes y cómo puedes responder de manera constructiva. La paciencia con tus emociones te permite entenderlas mejor antes de actuar basado en ellas.

La integridad emocional te permite ser coherente entre lo que sientes internamente y lo que muestras externamente. El coraje emocional implica enfrentar tus emociones más oscuras con la luz de la conciencia. La gratitud es el bálsamo que cura viejas heridas emocionales y te prepara para nuevas experiencias. La resiliencia emocional es la capacidad de sonreír ante la adversidad, sabiendo que has cultivado la fuerza para superarla. La disciplina emocional es como un músculo que se fortalece con el uso constante y consciente. La honestidad emocional requiere valentía para enfrentar lo que sientes sin miedo a las consecuencias de ser verdadero. La constancia emocional te permite mantener un curso firme, incluso cuando las tormentas de la vida parecen incesantes. El autocontrol es el arte de mantener tus emociones en cheque, permitiéndote vivir una vida de equilibrio y propósito. La serenidad es alcanzada cuando aceptas tus emociones como parte de ti, pero no dejas que te definan.

La empatía es la llave que abre corazones cerrados por el dolor, permitiendo que la comprensión fluya entre dos almas. La perseverancia en el control emocional es la resistencia que te permite enfrentar repetidamente las mismas pruebas hasta que las superas. La integridad emocional es la honestidad aplicada a la experiencia interna, manteniendo tus valores en alineación con tus acciones. El coraje emocional es reconocer tus emociones negativas sin dejar que te sumerjan en la desesperación. La gratitud por tus emociones, tanto las buenas como las malas, te enseña a valorar cada experiencia como una lección.

La resiliencia emocional es encontrar el equilibrio después de ser sacudido por las tormentas internas. La disciplina emocional te permite crear una vida de reacciones pensadas en lugar de impulsos descontrolados. La honestidad emocional es el primer paso hacia la libertad interna, liberándote de las cadenas de la represión. La constancia en el manejo de tus emociones es lo que construye un carácter inquebrantable a lo largo del tiempo. El autocontrol no es una limitación, sino una expansión de tu capacidad para experimentar la vida plenamente, sin ser esclavo de tus reacciones. La serenidad se alcanza no evitando las emociones difíciles, sino enfrentándolas con una mente clara y un corazón abierto. La empatía es la habilidad de sentir con otros sin perderse uno mismo en el proceso. La perseverancia emocional es la tenacidad de seguir avanzando, incluso cuando tus emociones te empujan hacia atrás. La integridad emocional es la consistencia de vivir de acuerdo con tus emociones más profundas y tus valores más elevados. El coraje emocional es el poder de seguir adelante, incluso cuando tus emociones te aconsejan retroceder.

La gratitud hacia uno mismo por el manejo de tus emociones es un reconocimiento vital de tu crecimiento personal. La resiliencia emocional es la habilidad de adaptarte y florecer, independientemente de las circunstancias emocionales que enfrentes. La disciplina emocional es el fundamento sobre el cual puedes construir una vida de satisfacción y logros. La honestidad emocional te permite enfrentar la realidad de tus sentimientos, facilitando un camino hacia la resolución y el entendimiento. La constancia en tus esfuerzos por entender y controlar tus emociones es lo que eventualmente te llevará a la maestría emocional.

El autocontrol es reconocer que cada emoción es temporal y que tienes el poder de decidir cómo afectará tu vida. La serenidad es el fruto de años de trabajo en entender y armonizar tus emociones con tu ser más profundo. La empatía no solo alivia el dolor de otros, sino que fortalece tu propia capacidad emocional. La perseverancia en el manejo emocional es un compromiso de por vida que paga dividendos en cada aspecto de tu existencia. La integridad emocional asegura que tus respuestas a la vida sean auténticas y alineadas con quien realmente eres. El coraje emocional te permite abrir puertas que el miedo había cerrado. La gratitud es una poderosa herramienta emocional que transforma tu perspectiva, permitiéndote ver lo positivo en cada situación. La resiliencia emocional es la gracia de caer y levantarse con más sabiduría y menos miedo cada vez. La disciplina emocional es el puente entre sentir y hacer, entre el corazón desbordado y la acción medida.

La honestidad emocional es la valentía de ser verdadero contigo mismo, lo cual es esencial para ser verdadero con otros. La constancia en la regulación emocional te permite mantener la calma en medio del caos. El autocontrol te libera de ser manipulado por tus emociones y por las de otros. La serenidad es tu recompensa por aprender a coexistir pacíficamente con tus emociones, sin permitir que dicten tu vida. La empatía te permite construir puentes de entendimiento, esenciales para relaciones saludables y duraderas. La perseverancia en la gestión emocional es una declaración de que valoras tu bienestar y tu paz interior sobre la turbulencia temporal.

La integridad emocional es la promesa de que tratarás tus emociones con respeto, sin dejar que te dominen. El coraje emocional es el acto de enfrentar cada nuevo desafío con un corazón abierto y una mente clara. La gratitud por la capacidad de sentir profundamente es un reconocimiento de que cada emoción, sea agradable o dolorosa, es un regalo. La resiliencia emocional te permite ver más allá del momento actual hacia un futuro lleno de posibilidades. La disciplina emocional te proporciona las herramientas para transformar la energía de tus emociones en acciones positivas y constructivas. La honestidad emocional es el primer paso hacia una comprensión más profunda de ti mismo y de los demás. La constancia en tus prácticas de manejo emocional es lo que crea un ambiente interno de estabilidad y paz. El autocontrol es tu aliado más fiel en la búsqueda de una vida equilibrada y centrada. La serenidad es el sello distintivo de aquellos que han aprendido a vivir en paz con sus emociones. La empatía es la capacidad de entender las emociones ajenas sin juzgar, un paso crucial para la conexión humana genuina.

La perseverancia en el control emocional demuestra tu compromiso con el crecimiento personal y la madurez emocional. La integridad emocional es un testimonio de tu respeto por la autenticidad en todas tus interacciones. El coraje emocional es elegir la esperanza en lugar del miedo, el amor en lugar del resentimiento. La gratitud es la percepción que transforma lo ordinario en extraordinario, lo cotidiano en milagroso. La resiliencia emocional es la firmeza de espíritu que te permite superar las adversidades con gracia.

La disciplina emocional es un arte refinado que equilibra la pasión con la razón, el impulso con la consideración. La honestidad emocional es la base sobre la cual se construyen relaciones sólidas y significativas. La constancia en el manejo de tus emociones asegura que los vientos de cambio no te derriben. El autocontrol es el regalo que te das a ti mismo, permitiéndote vivir con dignidad y en paz, sin importar las circunstancias. La serenidad es la recompensa por haber navegado exitosamente a través de las tormentas emocionales. La empatía fortalece tu capacidad de ser compasivo, un elemento esencial para la verdadera conexión humana. La perseverancia en el control de las emociones es lo que te permite enfrentar cada día con renovada fuerza y optimismo. La integridad emocional es mantener tus principios incluso cuando tus emociones te empujan en otra dirección.

El coraje emocional es reconocer tus miedos y enfrentarlos con la confianza de que puedes superarlos. La gratitud es el reconocimiento de que cada emoción, no importa cuán dolorosa, tiene el potencial de enseñarte algo valioso. La resiliencia emocional es tu capacidad para mantener tu integridad en medio de la adversidad emocional. La disciplina emocional es el pilar sobre el cual puedes construir una vida de satisfacciones genuinas y duraderas. La honestidad emocional es admitir tus debilidades, lo que te fortalece en áreas que nunca imaginaste. La constancia en la regulación de tus emociones proporciona un ancla en el caótico mar de la vida.

El autocontrol es la habilidad de decidir cómo reaccionarás, en lugar de dejar que las circunstancias decidan por ti. La serenidad es la elegante danza de aceptar tus emociones sin dejar que te definan o controlen. La empatía es el acto de compartir emociones, reconociendo que todos somos más similares de lo que somos diferentes. La perseverancia en la gestión emocional es como caminar contra el viento: desafiante, pero profundamente fortalecedor. La integridad emocional es la coherencia entre sentir, pensar y actuar que crea una vida de verdadero significado. El coraje emocional es el puente entre el miedo y la acción, entre la preocupación y la solución.

RESILIENCIA ESTOICA

La resiliencia estoica es la firmeza del roble que se dobla, pero no se rompe bajo el peso de la tormenta. En la tranquilidad del alma está el semillero de la fortaleza; cultívala con pensamientos serenos y acciones decididas. La adversidad es el fuego que prueba el oro de nuestro carácter; en su calor, encontramos la pureza de nuestra resolución. Aceptar con serenidad lo que no podemos cambiar es el primer paso hacia la sabiduría estoica.

La perseverancia es el eco de nuestra resolución; en la constancia de su llamado, encontramos la verdadera fuerza. La resiliencia no es simplemente resistir, sino crecer poderosamente a través de cada prueba y tribulación. Como el agua talla la piedra con su suave pero persistente fluir, así debe ser nuestro espíritu frente a los obstáculos. La calma ante la adversidad es el verdadero reflejo de un alma templada en la disciplina estoica. En cada desafío, hay una lección; en cada lección, una oportunidad para fortalecer el espíritu.

La resiliencia estoica es el arte de convertir el dolor en poder, y la desesperación en un profundo sentido de propósito. La serenidad no se encuentra evitando la batalla, sino enfrentando la guerra con un corazón inquebrantable. La paciencia es la compañera más fiel del estoico; con ella, toda tormenta parece menos severa. La fortaleza de carácter se mide no por las batallas ganadas, sino por la valentía mostrada en las derrotas. El estoicismo nos enseña que cada dificultad es un velo que oculta una bendición, esperando ser revelada. La moderación en nuestras respuestas forja un escudo más fuerte que cualquier armadura. La libertad verdadera comienza con la conquista de uno mismo; este es el corazón del poder estoico. La resiliencia es la firmeza de espíritu que brilla más claramente en los momentos de oscuridad. Como las estrellas que no pueden brillar sin la noche, nuestra fortaleza no se revela sin desafíos. El silencio es un santuario para el estoico, en él encontramos la claridad que precede a la victoria sobre nuestras pruebas.

La indiferencia estoica no es falta de cuidado, sino la elección sabia de lo que merece nuestra energía. La aceptación es el suelo fértil en el que la resiliencia estoica florece y da sus frutos. En la constancia de nuestro esfuerzo, no en la inmediatez del éxito, yace la verdadera grandeza. El coraje de enfrentar lo inevitable con un espíritu inalterado es la marca de la sabiduría estoica. La adversidad es el crisol en el que se forja el verdadero carácter, templado por la voluntad de perseverar.

La ecuanimidad frente a la adversidad es la joya más preciada del estoico, brillando con la luz de la razón. La resiliencia estoica es como el bambú: se inclina ante el viento feroz, pero rara vez se quiebra. Cada obstáculo es una invitación a fortalecer nuestro espíritu, cada momento difícil una oportunidad para practicar la virtud. El autodominio es la fortaleza desde la cual defendemos nuestro espíritu contra las inclemencias del destino. La verdadera resiliencia proviene de un corazón dispuesto a enfrentar lo desconocido sin miedo. La virtud estoica reside en la capacidad de mantener la compostura, incluso cuando el caos reina alrededor. Cada momento de sufrimiento es un maestro, cada segundo de dolor un curso intensivo en el arte de la perseverancia. La resiliencia no se hereda, se construye con cada acto de coraje, cada decisión de no ceder ante la desesperación. La fuerza estoica es la habilidad de ver más allá del tormento del momento hacia la calma eterna de la aceptación. En la profundidad de la noche, recordamos que incluso la oscuridad más profunda precede al amanecer.

La paciencia ante la adversidad es una declaración de la confianza en nuestra propia capacidad de superación. La determinación estoica es la quietud en el ojo de la tormenta, el refugio seguro donde encontramos nuestra verdadera potencia. La imperturbabilidad es nuestro escudo, la razón nuestra espada; juntas, nos defienden de los asaltos del destino. En la aceptación de nuestras limitaciones encontramos la libertad para superar cualquier barrera. La templanza es la guardiana de nuestra paz interior, manteniéndonos firmes en medio de la tempestad.

La verdadera resiliencia se revela no cuando la vida es fácil, sino cuando el camino se vuelve arduo y aun así seguimos adelante. El autocontrol es la manifestación más pura del poder estoico, un poder que proviene de dentro y se proyecta hacia fuera. Cada prueba es un espejo que refleja la calidad de nuestro espíritu, cada adversidad una prueba de nuestro temple. La resistencia estoica es la capacidad de transformar el dolor en enseñanza, la pérdida en ganancia espiritual. Como el águila que vuela más alto en el viento en contra, ascendemos gracias a las dificultades que enfrentamos. El verdadero estoico ve en cada final un nuevo comienzo, en cada cierre una apertura hacia posibilidades infinitas. La ecuanimidad es la respuesta estoica a un mundo que oscila entre extremos; en ella encontramos nuestro equilibrio. La resiliencia es la melodía que toca el estoico, una canción de triunfo sobre la adversidad. En la fortaleza de nuestro compromiso con la vida virtuosa, encontramos la armadura contra las vicisitudes del destino.

La adversidad no es un enemigo, sino un compañero de viaje que nos desafía a ser mejores, más fuertes, más sabios. La firmeza estoica es el arte de enfrentar cada día con la certeza de que todo lo que ocurre sirve a un propósito mayor. En cada lágrima estoica hay una lección de fuerza, en cada sonrisa una victoria sobre el dolor. La verdadera sabiduría estoica no es evitar el sufrimiento, sino aprender a coexistir con él, transformándolo en una fuente de fortaleza. La perseverancia es el hilo con el que el estoico teje su destino, una trama de determinación inquebrantable.

La resiliencia estoica no es una cualidad nata, sino un arte cultivado con paciencia y dedicación. La serenidad ante la tormenta es el verdadero poder; en ella, el estoico encuentra su mayor triunfo. Cada desafío es un escalón en la escalera del crecimiento personal, cada adversidad un peldaño hacia la iluminación. El dominio de uno mismo es la cima más alta a la que el estoico aspira; desde allí, todo se ve más claro. La ecuanimidad es el suelo sobre el cual el estoico construye su fortaleza, inmune a los caprichos del destino. La aceptación no es resignación, sino el reconocimiento de que ciertas batallas se ganan al no luchar. La constancia es la marca del verdadero estoico, la evidencia de un compromiso con la vida que no se quiebra ante la adversidad. La templanza es nuestra guía a través del laberinto de la vida, manteniéndonos en el camino de la virtud. La resiliencia es la bandera que el estoico ondea, incluso en el campo de batalla más desolador.

Cada obstáculo es una invitación al estoico a demostrar su fuerza, cada contratiempo una oportunidad para reafirmar su resolución. En la simplicidad de la vida estoica, encontramos la clave para desbloquear la fortaleza interna que todo lo supera. El autocontrol es el santuario del espíritu, el lugar donde la calma y la claridad reinan supremas. La resistencia estoica no se mide por cuánto podemos soportar, sino por cómo transformamos nuestra experiencia de sufrimiento. Como el árbol que se arraiga más profundamente bajo el viento hostil, así crece nuestra fortaleza bajo la presión de las pruebas. La paciencia es la compañera del estoico, una presencia calmante que susurra que todo tiene su tiempo.

La determinación estoica es la llama que nunca se extingue, ardiendo más brillante en la oscuridad de la adversidad. La ecuanimidad es el corazón del estoicismo, bombeando la sangre de la razón a través de las venas de nuestra experiencia. En la aceptación de lo que es, encontramos la llave para desbloquear el potencial de lo que podría ser. La templanza es el escudo que protege al estoico de los extremos emocionales, permitiéndole mantener su curso verdadero. La resiliencia es el canto del estoico, una melodía de independencia y fortaleza que resuena incluso en los momentos más sombríos. Cada prueba es una piedra en el edificio de nuestra vida; colocada con cuidado, sostiene la estructura de nuestro carácter. La firmeza de propósito es la marca de la auténtica resiliencia estoica, una señal de que estamos comprometidos con el camino de la virtud. La adversidad es el aula donde el estoico aprende las lecciones más profundas, cada desafío un curso intensivo en el arte de vivir. La ecuanimidad frente a la adversidad es la verdadera prueba del carácter estoico, una demostración de la profundidad de nuestra filosofía.

La aceptación es el primer paso hacia la transformación; en ella, el estoico ve no el fin, sino el comienzo de nuevas posibilidades. La constancia en la adversidad es el verdadero reflejo del espíritu estoico, un espejo que muestra la fortaleza de nuestro carácter. La templanza nos enseña que no hay tormenta que no pueda ser superada con la fuerza de la voluntad y la claridad de la mente. La resiliencia es la firma del estoico en el libro de la vida, cada capítulo una historia de perseverancia y poder.

Cada obstáculo es una oportunidad para el estoico de demostrar que nada externo puede dominar el espíritu indomable. En la simplicidad del enfoque estoico, encontramos la complejidad de la verdadera fortaleza, un mosaico de paciencia, determinación y serenidad. El autocontrol es la manifestación de nuestra soberanía sobre nosotros mismos; en él, encontramos la esencia de la libertad. La resistencia estoica es un río que fluye constante y sereno, sin importar los obstáculos que encuentre en su camino. Como el árbol que florece en suelos inhóspitos, así prospera el estoico en las condiciones más adversas. La paciencia es el arte de esperar sin ansiedad, de creer sin ver, de perseverar sin prisa. La determinación estoica es el viento bajo nuestras alas; nos eleva por encima de las dificultades, hacia alturas de claridad y propósito. La ecuanimidad nos protege de ser arrastrados por las corrientes tumultuosas de la vida, permitiéndonos navegar con gracia y habilidad. En la aceptación de nuestra suerte, no como una carga sino como un desafío, encontramos el verdadero poder del estoicismo.

La templanza es nuestra guía a través de los desiertos de la desesperación y los océanos de la incertidumbre. La resiliencia estoica es una danza entre la aceptación y la acción, un equilibrio dinámico que transforma los desafíos en oportunidades. Cada prueba enfrentada con coraje es un testimonio de nuestra fortaleza, cada adversidad superada una medalla de nuestra resiliencia. La firmeza de propósito sostiene al estoico a través de las estaciones de la vida, cada cambio un recordatorio de que nada es permanente.

La adversidad, vista a través de los ojos del estoico, es menos un enemigo a temer que un aliado en el crecimiento del espíritu. La ecuanimidad es el suelo fértil en el que florecen la paz y la fortaleza, sosteniendo al estoico a través de todas las estaciones. En la aceptación de lo inevitable, el estoico encuentra la libertad de concentrarse en lo que sí puede cambiar. La constancia es el ritmo constante del corazón estoico, cada latido una afirmación de nuestra capacidad para soportar y superar. La templanza, practicada con diligencia, se convierte en la segunda naturaleza del estoico, una armadura contra los excesos de la vida. La resiliencia es la obra maestra del estoico, una creación forjada en el crisol de la experiencia, brillante con la pátina de la sabiduría. La verdadera resiliencia se halla en la capacidad de mantener la calma interna, incluso cuando el mundo externo está en desorden. La paciencia estoica es el arte de abrazar la espera como una oportunidad para fortalecer el alma. Cada momento de dificultad es un llamado a profundizar en nuestra comprensión de la naturaleza impermanente de todas las cosas. La serenidad frente al cambio es un testimonio del entendimiento estoico de que todo fluye y nada permanece estático.

La resiliencia no se trata de resistir a la adversidad, sino de adaptarse con gracia y fortaleza a cada nueva circunstancia. El estoicismo nos enseña que la verdadera fortaleza se manifiesta en la habilidad de transformar los desafíos en victorias personales. El autocontrol estoico es el escudo que protege la paz interna de las flechas de la agitación externa. La determinación de vivir virtuosamente, sin importar las pruebas, es la quintaesencia de la resiliencia estoica. En el núcleo de cada adversidad se encuentra una semilla de crecimiento espiritual y desarrollo personal.

La perseverancia estoica es la brújula que nos guía a través de las tormentas de la vida hacia puertos de sabiduría y tranquilidad. Cada paso tomado con firmeza y cada decisión hecha con calma son las verdaderas medidas del espíritu estoico. La capacidad de mantener una visión clara en tiempos de confusión es la verdadera marca de la resiliencia estoica. El autoexamen continuo es vital para mantenerse fiel a los principios estoicos, especialmente en tiempos de crisis. La ecuanimidad en la adversidad es tanto una meta como una manifestación del estoicismo en acción. La resiliencia estoica se construye en el silencio de la meditación sobre nuestras experiencias y nuestras respuestas a ellas. La verdadera sabiduría estoica reside en reconocer que cada dificultad es temporal y que nuestra respuesta a ella define nuestro carácter. La templanza es la habilidad de moderar nuestras emociones y reacciones, un pilar clave de la fortaleza estoica. Cada desafío aceptado con gracia es una oportunidad para demostrar la profundidad de nuestra resiliencia y la sinceridad de nuestro compromiso estoico.

La integridad en el manejo de nuestras pruebas personales es el verdadero testamento de nuestra adhesión al estoicismo. La fuerza de voluntad es el motor detrás de la capacidad estoica de superar adversidades y mantenerse en el camino de la virtud. Encontrar tranquilidad en la turbulencia es posible gracias a la práctica estoica de reflexión y perspectiva. La resiliencia no es innata; se cultiva a través de la constante práctica de vivir de acuerdo con principios estoicos, sin importar las circunstancias.

La capacidad de ver más allá del sufrimiento del momento hacia el aprendizaje que ofrece es la esencia de la sabiduría estoica. La aceptación estoica de la adversidad no es resignación, sino un reconocimiento activo de la capacidad de crecer a través de ella. La constancia en la práctica de la virtud, especialmente bajo presión, es lo que realmente prueba y demuestra la resiliencia estoica. La serenidad ante la adversidad no es una negación de la dificultad, sino una afirmación de la capacidad de manejarla con gracia. El estoico encuentra en cada problema una pregunta cuya respuesta forja una mayor fortaleza interna y claridad de propósito. La paciencia es más que una virtud pasiva; en el estoicismo, es una estrategia activa para navegar por la vida con equilibrio y sabiduría. La firmeza de un estoico no se muestra en la rigidez, sino en la flexibilidad de adaptarse sin perder la integridad.

El dominio de uno mismo, una piedra angular del estoicismo es la habilidad de controlar nuestras reacciones para vivir en armonía con nuestras virtudes. La vida estoica es un mosaico de momentos de prueba, cada uno diseñado para enseñarnos más sobre nosotros mismos y sobre cómo vivir bien. La adversidad, vista a través de los ojos de un estoico, se transforma de enemigo a maestro, de obstáculo a oportunidad. La resiliencia estoica es la capacidad de mantenerse firme en nuestras convicciones, incluso cuando las circunstancias intentan desviarnos. El valor de enfrentar nuestros desafíos, sin importar su magnitud, es el verdadero reflejo del espíritu estoico.

La ecuanimidad estoica nos enseña que la clave para manejar la adversidad es mantener una mente equilibrada. La templanza en la respuesta a la adversidad es lo que permite al estoico ver claramente el camino a seguir. La perseverancia, alimentada por una comprensión profunda de la filosofía estoica, nos permite superar las pruebas con dignidad y propósito. La resiliencia no es solo sobrevivir a las tormentas, sino aprender a bailar bajo la lluvia, una habilidad central en el estoicismo. La capacidad de reevaluar y adaptar nuestras percepciones frente a la adversidad es crucial para mantener la resiliencia estoica. El estoicismo no elimina el dolor de la vida, pero nos ofrece herramientas para manejarlo de manera que fortalezca, en lugar de debilitar. La serenidad, incluso frente a la incertidumbre, es posible con la adopción de la visión estoica de que todo tiene un propósito. La verdadera fortaleza estoica se encuentra en la capacidad de ser suave con uno mismo y con otros, incluso en los momentos más duros. La resiliencia estoica se nutre del entendimiento de que el sufrimiento es parte de la experiencia humana y no una falla personal.

La paciencia y la persistencia, imbuidas de sabiduría estoica, son nuestras mejores aliadas en la travesía a través de las dificultades. La resiliencia se manifiesta en la capacidad de mantener la compostura y la claridad de pensamiento bajo presión. La vida estoica es un ejercicio en encontrar el equilibrio entre aceptar y desafiar, entre ser y convertirse. La fuerza estoica radica en la habilidad de transformar la adversidad en acción virtuosa, encontrando significado incluso en el caos. La resiliencia no es una pared que bloquea los problemas, sino un puente que nos lleva sobre ellos con integridad y propósito.

El coraje de vivir de acuerdo con principios estoicos, especialmente cuando es más difícil, es la esencia de la verdadera resiliencia. La ecuanimidad estoica nos permite enfrentar la vida con una calma que no es perturbada por las tormentas externas. En el corazón del estoicismo, encontramos la resiliencia no como un objetivo, sino como un camino diario de autodescubrimiento y crecimiento. La paciencia estoica enseña que cada momento de espera puede ser un momento de aprendizaje y fortalecimiento. La determinación de perseverar, alimentada por la comprensión estoica, convierte cada prueba en un testimonio de nuestra capacidad de superación. La fortaleza interior, cultivada a través del estoicismo, es nuestro escudo más poderoso contra las vicisitudes de la vida. La resiliencia es la quietud en medio de la tormenta, un refugio interno que el estoicismo fortalece y protege. El autoexamen estoico nos permite identificar y fortalecer nuestras áreas de vulnerabilidad, transformándolas en fortalezas.

En la adaptabilidad estoica encontramos la libertad; en la libertad, la capacidad de vivir plenamente, sin importar las circunstancias. La serenidad estoica no es una ausencia de conflicto, sino una profunda paz que surge de enfrentar y transformar el conflicto. La capacidad de mantener una perspectiva equilibrada, incluso bajo presión, es una señal de profunda resiliencia estoica. La vida, vista a través de los ojos de un estoico, es una serie de oportunidades para practicar la virtud y la fortaleza. La resiliencia estoica se refleja en la habilidad de encontrar serenidad y propósito, incluso cuando el camino es incierto.

La paciencia estoica es la antorcha que ilumina nuestro camino a través de las sombras de la incertidumbre y el miedo. Cada desafío enfrentado con integridad y valor es un paso hacia la realización del ideal estoico de la vida virtuosa. La ecuanimidad en el rostro de la adversidad es el verdadero testimonio del poder y la profundidad del estoicismo. La resiliencia estoica no es una armadura que nos hace invulnerables, sino un tejido que nos permite sentir y aprender de cada experiencia. La templanza, una virtud central en el estoicismo, es esencial para mantener la calma y la claridad en medio del caos. La perseverancia, guiada por la sabiduría estoica, es un río que continúa fluyendo, incluso cuando parece que todas las fuentes se han secado. La vida estoica, vivida con plenitud y propósito, es un testimonio de la posibilidad de crecer a través de cualquier adversidad. La resiliencia estoica es una danza entre aceptar lo que no podemos cambiar y cambiar lo que podemos con coraje y sabiduría. La serenidad estoica, cultivada a través de la práctica y la reflexión, es un refugio seguro en un mundo a menudo turbulento.

En el corazón del estoicismo encontramos la resiliencia no solo como un medio para sobrevivir, sino como una forma de prosperar. La paciencia, vista desde la perspectiva estoica, es una forma activa de resistencia contra las presiones de la inmediatez. La resiliencia, imbuida de principios estoicos, nos enseña que incluso en la derrota hay oportunidades para el crecimiento personal. La ecuanimidad estoica es la piedra angular de una vida vivida con profundidad, significado y serenidad.

La capacidad de vivir de acuerdo con nuestros principios, sin importar las circunstancias, es la esencia de la resiliencia estoica. La templanza nos permite enfrentar las olas de la adversidad sin ser arrastrados por ellas, manteniendo el curso con firmeza y gracia. La resiliencia estoica se muestra en la habilidad de mantener la esperanza y la fe en tiempos de desesperanza y duda. El autocontrol, un pilar del estoicismo, es fundamental para cultivar una respuesta medida y efectiva ante la adversidad. La vida estoica es un lienzo en el que cada pincelada de desafío añade profundidad y color a nuestra obra maestra personal.

La paciencia estoica no es simplemente esperar que las cosas mejoren, sino trabajar activamente para hacer que mejoren mientras se espera. La serenidad en la adversidad es posible cuando abrazamos plenamente los principios estoicos de vida, aceptación y perseverancia. La resiliencia, forjada en el crisol del estoicismo, es un testimonio del poder humano de adaptarse, superar y finalmente prosperar. La ecuanimidad estoica nos enseña a ver la adversidad no como un final, sino como un punto de inflexión hacia nuevas posibilidades. La perseverancia estoica es el reconocimiento de que cada paso adelante no importa cuán pequeño, es un progreso hacia una mayor sabiduría y fortaleza.

La integridad en la adversidad es la señal de que hemos internalizado y vivimos según los principios estoicos de la virtud. La paciencia y la fortaleza son compañeras en el camino estoico, guiándonos a través de los desafíos con una visión clara y un corazón valiente. La resiliencia estoica es el arte de encontrar la belleza y la lección en cada experiencia, transformando el sufrimiento en sabiduría. La serenidad, alcanzada a través de la constante práctica estoica, es el regalo que nos permite enfrentar cada día con renovada esperanza y energía.

La vida estoica, marcada por la resiliencia y la reflexión, es un viaje continuo hacia el autodescubrimiento y la mejora personal. La ecuanimidad es nuestro escudo contra las fluctuaciones de la fortuna, permitiéndonos mantener nuestro enfoque en lo que verdaderamente importa. La perseverancia, alimentada por la filosofía estoica, es la luz que guía nuestro camino a través de las sombras de la incertidumbre. La resiliencia estoica nos enseña que cada adversidad enfrentada con virtud es una victoria sobre las circunstancias externas. La integridad y la serenidad son las recompensas de una vida comprometida con los ideales estoicos, demostrando que el verdadero poder reside en nuestro interior. La paciencia estoica, practicada con diligencia, se convierte en la piedra angular de una vida rica en contenido y libre de arrepentimientos. La resiliencia estoica es un canto a la vida, una afirmación de que, no importa los desafíos, tenemos la capacidad de enfrentarlos y trascenderlos.

La serenidad no es una ausencia de conflicto, sino la presencia de una paz conquistada, forjada en las llamas de la prueba y el desafío. La vida estoica es un testimonio de que la verdadera resiliencia se encuentra en la capacidad de mantener la gracia bajo presión. La ecuanimidad y la perseverancia son los pilares sobre los cuales se construye una vida de verdadera resiliencia y profundo significado. La integridad estoica, mantenida en tiempos de prueba, es el reflejo de un compromiso inquebrantable con la vida virtuosa. La paciencia y la fortaleza, cultivadas a través del estoicismo, son las verdaderas marcas de un espíritu que no solo sobrevive, sino que también prospera.

EL PODER DEL PENSAMIENTO RACIONAL

En la quietud de la mente se halla la clave de todo potencial. Contempla tus pensamientos como las estrellas en el firmamento: lejanos, claros e inalterables. La razón es el sol que nunca se pone; ilumina nuestras decisiones más oscuras y guía nuestros pasos incluso en la noche más tenebrosa. Como el roble se mantiene firme ante el viento, así debe ser nuestra resolución frente a la adversidad; inamovible, serena, eterna. No son las cosas mismas las que nos perturban, sino las opiniones que tenemos de ellas. Examina tus creencias y encontrarás paz.

Un pensamiento racional es como un río caudaloso; siempre en movimiento, siempre claro, despojándose de toda impureza en su curso. Cada día ofrece su propia lección; está en nosotros escuchar y aprender, o dejar que el susurro de la sabiduría se pierda en el viento. La tempestad emocional es una ilusión, un espejismo en el desierto de nuestra existencia. Solo a través de la razón encontramos el oasis de la tranquilidad.

El futuro es un lienzo en blanco; nuestra razón, el pincel con el cual podemos dibujar cualquier destino, por noble que sea. No hay fortaleza más invulnerable que una mente armada con la lógica y el discernimiento. Ante ella, todos los temores se disuelven. Observa tus pensamientos como el agricultor observa sus campos; con paciencia, con cuidado, y con la certeza de que lo que siembra, cosechará. La ira es fuego que consume al incauto; pero el sabio, como el herrero, la utiliza para forjar su voluntad y templar su espíritu. En el silencio, escuchamos el murmullo de la razón; esa voz suave pero persistente que nos guía hacia la verdad. Aceptar lo que no podemos cambiar es la primera prueba de la sabiduría; trabajar para cambiar lo que podemos es la primera prueba de nuestra fuerza. La vida es un río; nuestros pensamientos, las corrientes que deciden su curso. Navega con prudencia y llegarás a un mar de tranquilidad.

La duda es el inicio del verdadero conocimiento. Pregúntate todo, incluso lo indudable, y encontrarás caminos que otros no ven. Como el escultor libera la forma del mármol, así debemos liberar la verdad de nuestras preconcepciones. Solo entonces veremos la belleza de la realidad. La compasión surge de la comprensión; la crueldad, de la ignorancia. Cultiva tu mente y tu corazón seguirá. Cada pensamiento es una semilla; cada acción, un árbol que crece de ella. Planta solo aquello que desees ver florecer en tu vida.

El miedo es una sombra que solo existe en nuestra mente. Enciende la luz de la razón y la sombra se disipará. Sereno como el lago cuya superficie no es perturbada por el viento, así es el espíritu del sabio, imperturbable ante las tormentas de la vida. La verdadera sabiduría yace en el reconocimiento de nuestra propia ignorancia. Desde este suelo fértil, crece el árbol del conocimiento. Así como el diamante se forma bajo presión, nuestra fortaleza se forja en la adversidad. Abraza tus pruebas como alfarero a su arcilla. La serenidad no es la ausencia de la tormenta, sino la paz en su centro. Encuentra ese lugar dentro de ti, y nada podrá desarraigarte. La alegría es fruto de la racionalidad, pues cuando entendemos el mundo, no podemos evitar amarlo, con todas sus imperfecciones. Un pensamiento puede más que un ejército, pues mientras que las armas destruyen, el pensamiento construye. En la moderación hallamos la verdadera libertad; el exceso es una prisión cuyas barras son de placeres fugaces y arrepentimientos duraderos.

La paciencia es el arte de albergar esperanza, saber que, tras la noche más oscura, el sol siempre regresa. Valorar lo que tenemos es la mayor de las riquezas; el deseo desmedido, la más profunda de las pobrezas. La justicia es el equilibrio del mundo, y la razón, su balanza. Quien vive por la razón, camina siempre con justicia. Cada momento es una nueva cruzada del alma; lucha con honor, y tu espíritu será inquebrantable. El conocimiento es un santuario; cada verdad descubierta, un altar en el que ofrecemos nuestras dudas. Somos arquitectos de nuestro destino.

Con cada pensamiento racional, colocamos un ladrillo en la fortaleza de nuestro futuro. La comprensión es el puente entre los hombres. Constrúyelo con la madera fuerte de la razón y la cuerda flexible de la empatía. La gratitud es la memoria del corazón; recuerda ser agradecido, pues cada bendición es un libro en la biblioteca de tu alma. La esperanza es la estrella polar en la oscura noche del desánimo; sigue su luz y encontrarás tu camino a casa. No es la carga lo que nos derrota, sino cómo la cargamos. Con la mente clara, todo peso se vuelve ligero. La vida es el río de Heráclito; nunca te bañarás en el mismo momento dos veces. Aprecia cada uno como si fuera el primero y el último. La verdadera paz no se encuentra en la ausencia de ruido, sino en la armonía de los sonidos. Aprende a escuchar la sinfonía del universo. La adversidad es un maestro severo, pero justo. Sus lecciones son duras, sus recompensas, preciosas. El respeto por uno mismo es la armadura del alma. No permitas que nadie, con palabras o acciones, te la quite.

La sinceridad es el lenguaje de los sabios; habla siempre con la verdad, y tu vida será un libro abierto que inspire a otros. Cada error es un escalón hacia la cima del entendimiento; no temas equivocarte, pues incluso los desvíos te acercan a tu destino. La mente es un jardín; cultívala con pensamientos racionales y verás florecer la sabiduría. La felicidad es una obra de arte creada por la propia razón; cada pincelada de entendimiento añade color a su lienzo. No hay mejor compañía que una mente tranquila; ella te acompaña en la soledad y en el bullicio, siempre serena, siempre clara.

La generosidad es la llave que abre todas las puertas; da libremente y recibirás el mundo entero. Como el capitán que navega por mares desconocidos, la razón guía nuestra vida a través de las tormentas hacia puertos seguros. La autenticidad es el sello de los grandes espíritus; vive conforme a tus principios, y tu vida resonará como una sinfonía eterna. En el perdón encontramos nuestra verdadera fuerza; es la victoria del alma sobre el ego, la liberación de las cadenas del rencor. La curiosidad es el motor del progreso; nunca dejes de preguntar, pues cada respuesta abre un nuevo mundo de posibilidades. La constancia es el ritmo del éxito; como el corazón, late fuerte y constante, llevando vida a cada esfuerzo. El autocontrol es el escudo contra las tentaciones; quien lo domina, camina seguro entre las sombras de los deseos. La humildad es el reconocimiento de que el sol brilla para todos; no somos más que flores en el mismo jardín de la existencia. Cada acto de bondad es una revolución contra la indiferencia; un pequeño gesto puede ser el inicio de un cambio monumental.

La perseverancia es la compañera de la razón; juntas, pueden escalar la montaña más alta y cruzar el desierto más árido. Aceptar nuestros errores es el primer paso hacia la sabiduría; reconócelos, apréndelos y deja que te guíen hacia un mejor mañana. La imaginación es la vista del alma; a través de ella, vemos no lo que es, sino lo que podría ser. El respeto es el idioma universal; hablado correctamente, une naciones, pueblos y corazones. La determinación es la compañera de viaje de la razón; con ella a tu lado, no hay meta que no puedas alcanzar.

La integridad es el traje del alma; vístela siempre, y serás invencible ante los juicios ajenos y propio. La prudencia es la brújula de la vida; quien la sigue, nunca se pierde en el mar de las incertidumbres. El respeto a uno mismo es el fundamento de la verdadera dignidad; construye sobre él y soportará cualquier tempestad. La belleza del pensamiento racional yace en su simplicidad; despoja lo superfluo y encontrarás la verdad. La paciencia es el arte de posponer la gratificación; quienes la dominan, disfrutan de los frutos más dulces. La solidaridad es el hilo que teje la tela de la humanidad; cada acto de apoyo fortalece este tejido vital. El silencio es a menudo más elocuente que un torrente de palabras; en él, la sabiduría encuentra su voz más potente. La introspección es el viaje más valioso; explorar los propios abismos y cimas revela paisajes de incomparable belleza. La justicia es el equilibrio perfecto entre dar y recibir; mantenlo y el mundo se inclinará hacia la armonía. El amor propio es el primer paso hacia cualquier amor verdadero; sin él, los pasos hacia los demás están incompletos.

La coherencia entre pensamiento y acción es la firma del alma grande; quien la posee, escribe su nombre en el libro de la eternidad. El perdón es el bálsamo que cura las heridas del alma; aplícalo generosamente y la paz seguirá. La adaptabilidad es la inteligencia en acción; quien la cultiva, prospera en cualquier terreno. La gratitud transforma lo ordinario en extraordinario; ve el mundo a través de sus lentes y todo se convierte en un milagro. El coraje es la luz que disipa la oscuridad del miedo; enciéndelo y el camino se hará visible.

La bondad es la moneda de oro del alma; gástala sin mesura, y tu riqueza crecerá exponencialmente. La meditación es el arte de conocerse a uno mismo; practícala y descubrirás continentes dentro de ti. La autenticidad es el sello de los valientes; vive tu verdad, y serás libre. La discreción es la habilidad de saber cuándo hablar y cuándo callar; domina esta danza y orquestarás sinfonías de armonía. El optimismo es el combustible del progreso; sin él, el motor del espíritu humano se detiene. La disciplina es el mejor amigo del éxito; invítala a tu vida y las puertas se abrirán de par en par. La compasión es el reflejo de la humanidad en nosotros; brilla con ella, y serás un faro en la oscuridad para otros. La sabiduría es el arte de saber qué batallas vale la pena luchar; elige tus luchas con cuidado y vivirás en paz. La autodisciplina es el cimiento sobre el que se construyen todas las grandes obras; fortalécela y nada podrá detenerte. La perseverancia es el río que talla cañones a través de las montañas de la desesperación; fluye sin cesar hacia tus sueños. El respeto mutuo es la base de toda relación verdadera; cultívalo y crecerás rodeado de amor y comprensión.

La modestia no es señal de debilidad, sino de fuerza contenida; quien la posee, brilla sin necesidad de eclipsar a los demás. La creatividad es la chispa divina en cada ser; enciéndela y transformarás el mundo a tu alrededor. El equilibrio es la danza de la vida; aprende sus pasos y nunca caerás. La generosidad es la verdadera medida de la riqueza; cuanto más das, más rico te vuelves. La honestidad es el lenguaje del alma; habla siempre con ella y serás comprendido. El valor de la vida no se mide en años, sino en los momentos de verdad que vivimos plenamente.

La paciencia es el arte de creer en el tiempo; confía en él, y todo llegará cuando deba. La sencillez es la esencia de la grandeza; simplifica tu vida y todo lo necesario permanecerá. El autoconocimiento es la brújula que guía al alma; sin él, navegamos a la deriva. La tolerancia es el puente sobre el abismo del conflicto; constrúyelo y cruzarás hacia la tierra de la paz. El aprendizaje es una aventura sin fin; cada día ofrece un nuevo capítulo, si estamos dispuestos a leerlo. La serenidad es el tesoro de los sabios; acumúlala y serás rico más allá de cualquier medida material. La esperanza es el hilo que cose los pedazos rotos del corazón; mantenla fuerte y nada podrá desgarrarte completamente. La determinación es el motor del logro; enciéndelo y alcanzarás estrellas que nunca creíste posibles. La coherencia es el hilo dorado que une pensamiento, palabra y acción; quien la teje en su vida, crea un tapiz de integridad y honor. La ecuanimidad es el arte de mantener la calma en medio de la tormenta; cultívala y nada podrá perturbar tu paz interior.

La justicia es la música de la humanidad; toca este acorde en cada acción y armonizarás con el universo. La humildad es el reconocimiento de que el sol y la luna no brillan para uno solo; comparte su luz y su sombra con igual alegría. La bondad es el idioma que los sordos pueden oír y los ciegos pueden ver; habla con actos, no solo con palabras. La perseverancia es la hermana de la excelencia; ambas caminan de la mano hacia la cima de la realización. La curiosidad es el motor de la exploración; nunca dejes de maravillarte ante los misterios del mundo.

La paciencia es el telón de fondo contra el cual se revelan todas las grandes obras de la vida; sin ella, la obra está incompleta. La disciplina es el fundamento sobre el que se construyen los sueños; sin ella, los castillos se edifican en el aire. La gratitud es el reconocimiento de que incluso en la adversidad, hay regalos escondidos; busca y encontrarás. El coraje es el fuego que ilumina el camino en los momentos más oscuros; déjalo arder y disipará toda sombra. La integridad es la piedra angular de un carácter fuerte; sin ella, la estructura de la vida carece de soporte. La meditación es el susurro del alma que busca entenderse a sí misma; escúchala y conocerás los secretos del universo. El respeto mutuo es el aceite que suaviza todas las fricciones en las relaciones humanas; úsalo generosamente. La autenticidad es tu firma en el mundo; única e irremplazable, asegúrate de que sea auténtica y valiosa. La sencillez es la máxima sofisticación; en lo simple se encuentra la verdadera esencia de las cosas.

La imaginación es el pincel con el que puedes pintar cualquier panorama en el lienzo de tu vida; úsala sabiamente. La honestidad es el primer capítulo en el libro de la sabiduría; escribe cada día con palabras de verdad. La generosidad es un río que, al dar sin esperar, recibe en abundancia de las fuentes menos esperadas. El aprendizaje constante es la verdadera fuente de la juventud; nunca envejece el que siempre aprende. El amor es el único tesoro que se multiplica al compartirlo; cuanto más das, más posees.

La flexibilidad es la habilidad de adaptarse sin romperse; como el sauce junto al río, que se dobla, pero no se quiebra. La compasión es el puente que conecta las almas; camina por él y no estarás solo. La perseverancia es la llave que abre puertas cerradas por el desaliento; úsala y accederás a nuevos mundos. La sabiduría es la luz que se enciende en el interior cuando todas las luces externas se apagan; confía en ella para guiarte. La dignidad no consiste en poseer honores, sino en la conciencia de merecerlos. La tranquilidad es un lago cuyas aguas reflejan la claridad del cielo; mantén tu interior sereno y reflejarás lo sublime. La determinación es el viento fuerte que impulsa las velas del barco hacia destinos inimaginados; dirígela con firmeza. La paciencia es el arte de esperar con el corazón tranquilo; quienes la practican, alcanzan lo que muchos abandonan. La autodisciplina es el arte de ser el escultor y el mármol al mismo tiempo; modela tu ser con cada elección. La alegría es una melodía que se toca en el instrumento del alma; afínala diariamente con actitudes positivas. La gratitud es la memoria del corazón; quienes la cultivan, no olvidan las bendiciones diarias. La valentía no es la ausencia de miedo, sino el triunfo sobre él; el valiente ve el mismo abismo, pero avanza. La honestidad es el espejo en el que se refleja tu alma; mira siempre con claridad y sin distorsiones.

La generosidad es el sol que brilla para todos, sin distinción; sé ese sol en la vida de los demás. El respeto es la consideración por la vida en todas sus formas; quien lo practica, honra el mundo a su alrededor. La tolerancia es el arte de aceptar las diferencias; es el tejido que mantiene unida la diversidad del mundo. La serenidad es la verdadera victoria sobre las circunstancias; nada externo tiene el poder de perturbar la paz interior.

La comprensión es la llave que desbloquea los corazones cerrados; úsala para abrir diálogos y construir puentes. La modestia es el reconocimiento de que el sol no brilla más en tu jardín que en el del vecino; cultiva la humildad. La fortaleza es la capacidad de soportar sin quebrarse; es la piedra angular de un carácter inquebrantable. La curiosidad es la antorcha que ilumina caminos ocultos al conocimiento; nunca dejes de explorar y preguntar. La discreción es el arte de saber cuándo y cómo actuar; es tan valiosa como la acción misma. La constancia es la marca de los héroes cotidianos; pequeños pasos constantes construyen grandes legados. La aceptación es la clave para enfrentar lo inevitable con gracia; reconoce lo que no puedes cambiar y encontrarás paz. La empatía es el acto de sentir con el otro; es el puente más corto entre dos almas. La determinación es la firmeza del capitán en medio de la tempestad; guía tu barco con mano segura hacia puertos seguros. La lealtad es la promesa que no necesita palabras; se demuestra en la constancia y la verdad de tus actos. La inspiración es un soplo de vida que despierta al alma; busca las musas en cada rincón del mundo.

La prudencia es el timón que guía la nave de la vida; sin ella, es fácil perder el rumbo. La generosidad es la capacidad de dar sin recordar y recibir sin olvidar; practícala con alegría. La tranquilidad es la fortaleza del sabio; no se perturba con la calamidad ni se exalta con la alabanza. La paciencia es el arte de cultivar la calma en la espera; es la semilla que florece en sabiduría. La nobleza es el arte de ser grande, no en la estatura, sino en el carácter; es la verdadera medida del valor humano. La gratitud es la vista que aprecia el paisaje de la vida; desde su cumbre, todo se ve más claro.

La honestidad es la piedra de toque de la integridad; sin ella, nuestra estructura moral está en peligro. La amabilidad es la lengua universal que todos entienden; habla con ella y abrirás todos los corazones. La perseverancia es la paciencia en acción; es el ritmo incansable que supera todos los obstáculos. La humildad es la quietud del ego; es el silencio que habla más fuerte sobre quién eres. La comprensión es el regalo del observador atento; ve más allá de las superficies y entenderás las verdades profundas. La sinceridad es el reflejo de un corazón sin máscaras; quienes la viven, caminan ligeros y libres. La resiliencia es la música del espíritu que resuena incluso después de la tormenta; toca esa melodía y nada podrá silenciarte. La sabiduría es el arte de conocer la propia ignorancia; es el primer paso hacia el verdadero conocimiento. La contemplación es el espejo del alma; mira profundamente y descubrirás universos dentro de ti.

La integridad es el acuerdo tácito entre tu ser y tus acciones; vive conforme a ese pacto y tu vida será un libro abierto. La fortaleza es la quietud en el ojo del huracán; mantente firme y el caos no te derribará. La perseverancia es la hermana menor de la esperanza; juntas, hacen posibles los sueños más audaces. La generosidad es el lenguaje del corazón; háblale y el mundo responderá de la misma manera. La paciencia es la tela sobre la que se borda el tiempo; cada hilo es un momento de espera que añade belleza al diseño final. La gratitud es el reconocimiento de que cada día es un regalo; ábrelo con reverencia y alegría. La valentía es reconocer el miedo y elegir actuar a pesar de él; es el verdadero coraje del espíritu.

La honestidad es la columna vertebral de la confianza; sin ella, toda relación se dobla bajo el peso de la duda. La disciplina es el arte de elegir entre lo que quieres ahora y lo que quieres más; escoge sabiamente. La simplicidad es la elegancia de la claridad; en ella, la verdad se viste sin adornos. La compasión es el acto de curar las heridas del mundo con el ungüento del amor; aplícalo sin mesura. La determinación es la fuerza que convierte los obstáculos en escalones; cada paso te eleva hacia tus metas. La flexibilidad es la habilidad de adaptarse sin perder la forma; como el agua, toma la forma del recipiente, pero conserva su esencia. La amabilidad es la semilla que florece en amistad; siémbrala generosamente y cosecharás relaciones duraderas. La serenidad es el premio de quienes enfrentan la vida con ecuanimidad; disfrútala como el tesoro que es. La introspección es el diálogo del alma consigo misma; participa en esa conversación y encontrarás sabiduría. La honestidad es el reflejo más puro de tu alma; mantenla limpia y clara como el cristal.

La lealtad es el ancla que mantiene las relaciones seguras en las tormentas de la vida; valora y cuida esos lazos. La prudencia es el arte de navegar entre opciones; elige siempre el curso que mejor refleje tu carácter y tus valores. La tolerancia es el suelo fértil en el que crecen la paz y la comprensión; cultívala y verás florecer la armonía. La creatividad es la chispa que enciende nuevas posibilidades; úsala para iluminar los rincones oscuros del pensamiento convencional. La humildad es aceptar que el sol no brilla solo para nosotros; es reconocer que somos una parte de algo más grande.

La esperanza es el viento que impulsa las velas del corazón hacia futuros brillantes; nunca los dejes de lado. La determinación es el martillo que modela la realidad a la forma de nuestros sueños; empuña con fuerza y moldea tu destino. La discreción es la habilidad de saber cuándo revelar y cuándo guardar silencio; es una forma de sabiduría que protege y preserva. La paciencia es el arte de dar tiempo al tiempo; es la sabiduría de entender que todo fruto necesita madurar. La gratitud es la memoria del corazón que nunca olvida los buenos momentos; aliméntala y te alimentará. La honestidad en uno mismo es el primer paso hacia la verdadera libertad; conócete y serás genuinamente libre. La empatía es la capacidad de caminar en los zapatos de otro; práctica y el mundo se sentirá menos solitario. La compasión es el lenguaje que los mudos pueden hablar y los sordos pueden escuchar; es universal y poderoso.

La resiliencia es el arte de volver a levantarse cada vez que la vida te derriba; es el baile de la fortaleza con la gracia. La serenidad es la joya que adorna el alma tranquila; su brillo es suave pero profundo, iluminando desde dentro. La sabiduría es el arte de ver la belleza en lo ordinario; es encontrar el universo en un grano de arena. La constancia es la promesa silenciosa de continuar, sin importar las adversidades; es el compromiso con tus propios sueños. La nobleza es la calidad de nuestras acciones cuando nadie está mirando; es la integridad en su forma más pura. La perseverancia es el pulso constante del corazón que aspira a más; es la tenacidad de seguir adelante, siempre. La sinceridad es la pureza de intención que adorna cada acto; es la honestidad vestida de acciones.

SUPERAR LA ADVERSIDAD

En la adversidad, encontramos la verdadera esencia de nuestra fortaleza; como el árbol que, enfrentado al viento, echa raíces más profundas. La fortaleza del espíritu se revela no en la calma, sino en la tormenta. En esos momentos, el alma se forja y se define. Cada desafío es un maestro disfrazado; escucha con atención y aprenderás lecciones que los días tranquilos nunca podrían enseñar. La perseverancia es el fuego que se alimenta del viento adverso; cuanto más fuerte sopla, más ardiente se vuelve nuestra determinación. No es la ausencia de adversidades lo que define nuestro camino, sino nuestra respuesta ante ellas.

La victoria se forja en la respuesta, no en el silencio. Aceptar la adversidad es el primer paso para superarla. Como el marinero que no puede cambiar el viento, pero sí ajustar sus velas. El coraje no siempre ruge. A veces, es la voz tranquila al final del día que dice: "Mañana lo intentaré de nuevo". En los momentos de prueba, recuerda que el diamante más resistente se forma bajo la mayor presión.

La adversidad tiene el poder de despojarnos de lo superfluo, revelando así la pureza de nuestro verdadero ser. Como el oro que se prueba en el fuego, así nuestras almas se refinan en el horno de las dificultades. La verdadera sabiduría se encuentra en la capacidad de ver la oportunidad en cada obstáculo, no como un impedimento, sino como un peldaño. La vida nos desafía no para detenernos, sino para fortalecer nuestro paso. Cada prueba superada es un paso hacia el verdadero yo. En la armonía de la existencia, incluso la adversidad canta una melodía; escúchala bien, y encontrarás sabiduría en su tono. La resiliencia es un arte, el arte de rebotar más alto cada vez que tocamos fondo. Cada adversidad lleva consigo la semilla de un beneficio equivalente o mayor. Busca la semilla, plántala con esperanza. La paciencia en tiempos de dificultad es el verdadero indicador de tu fuerza. No en la rapidez, sino en la constancia de la marcha. Cuando la vida te presente razones para llorar, demuéstrale que tienes mil y una razones para sonreír.

El verdadero valor de un individuo se muestra en cómo maneja las dificultades, no en cómo se desenvuelve en la comodidad. La adversidad nos despoja de nuestras máscaras, mostrando quiénes somos verdaderamente bajo la superficie pulida por la sociedad. Atravesar el valle de la sombra de la dificultad es testimonio de la capacidad humana de ascender hacia la luz del entendimiento. La resolución con la que enfrentamos las adversidades define la altura de nuestras futuras victorias.

En la oscuridad de la desesperación, incluso una pequeña llama de esperanza puede iluminar el camino hacia la recuperación. Las pruebas más duras suelen preceder a los triunfos más extraordinarios; no desfallezcas justo antes de tu renacimiento. Como el acero se fortalece en el fuego, así nuestra determinación se endurece en el calor de los desafíos. No hay mayor honor que el ganado en las batallas contra nuestras propias debilidades. Cada día ofrece un nuevo campo de batalla. La adversidad es el crisol que prueba la calidad de cada convicción que afirmamos poseer. Encuentra belleza en la resistencia, como la flor que crece en la grieta del concreto, triunfante sobre la improbabilidad. El miedo a la adversidad es más debilitante que la adversidad misma. Confronta tus temores, y serás libre. La capacidad de sonreír en los momentos más oscuros no es ingenuidad, sino la más refinada valentía. Un espíritu indomable es aquel que puede mirar a través del caos y ver un orden aún por nacer. Superar la adversidad no es solamente sobrevivir, sino también aprender a vivir con un propósito renovado.

La persistencia puede cambiar el fracaso en un logro extraordinario, transformando las cenizas de la derrota en la belleza del éxito. Cada tormenta que enfrentamos nos limpia de las ilusiones y nos planta firmemente en la realidad de nuestra verdadera fuerza. Como el navegante usa las estrellas para guiar su camino, usa tus dificultades como mapas hacia tu propio crecimiento personal. No se mide el éxito por la posición que uno ha alcanzado, sino por los obstáculos que ha superado en el intento.

La adversidad no viene para quedarse, viene para pasar y dejarnos lecciones que la complacencia nunca podría enseñar. Enfrentar desafíos con gracia y determinación es el verdadero arte de la vida; esculpe tu existencia con cada acción valiente. La adversidad es una amarga poción que, aunque difícil de tragar, nos nutre con fortaleza y sabiduría inigualables. No te desesperes en la lucha; incluso la noche más oscura termina con la llegada del alba. Cada obstáculo superado es un peldaño en la escalera de tu evolución espiritual y personal. La aceptación de nuestras luchas nos libera de la carga de la negación y abre el camino hacia la resolución. La verdadera sabiduría en la vida viene de comprender que cada experiencia difícil tiene un valor incalculable. En cada desafío, hay una oportunidad oculta; es nuestro deber desvelarla y aprovecharla para crecer. La fortaleza se mide no por la capacidad de permanecer inmutable, sino por la habilidad de cambiar y adaptarse con dignidad. Recuerda que la adversidad es temporal y que tu respuesta a ella tiene el poder de ser eterna. A veces, el mayor acto de valentía es mantenerse firme cuando todo parece desmoronarse.

Los momentos de crisis nos invitan a reevaluar nuestras prioridades y redirigir nuestras energías hacia lo que realmente importa. Atrévete a ver la adversidad como un refinado escultor; cada golpe despeja el camino hacia tu forma más verdadera. La vida no se trata de esperar a que pase la tormenta, sino de aprender a bailar bajo la lluvia. Cada paso hacia adelante en momentos difíciles es una victoria sobre las circunstancias que intentan detenernos. La adversidad enseña lecciones que la comodidad nunca podría; es una educación rigurosa pero esencial.

La perseverancia es el sello de la verdadera pasión; no simplemente soportar, sino persistir con un propósito. Cuando la vida te empuje al suelo, el verdadero desafío es elegir levantarse una vez más. La adversidad no solo construye carácter, sino que también revela; muestra lo que realmente estamos hechos. La resiliencia no es un regalo, sino una habilidad forjada en el crisol de la dificultad. No hay crecimiento sin resistencia, como no hay música sin tensión en las cuerdas. La madurez se alcanza a través de las muchas temporadas de pruebas y triunfos; cada una te prepara para la siguiente. La verdadera libertad se descubre en la capacidad de manejar la adversidad con compostura y esperanza. El optimismo es el combustible que nos permite continuar cuando el camino se vuelve oscuro y sinuoso. La adversidad nos llama a vivir con mayor autenticidad, a alinearnos más estrechamente con nuestros verdaderos valores. La gratitud en tiempos difíciles es un acto de rebeldía contra el desánimo; agradece no por la adversidad, sino por la fuerza que te otorga.

Cada día que enfrentas con coraje es un testimonio de tu resistencia y tu compromiso con la vida. La integridad en medio de la adversidad es la marca de un carácter verdaderamente fuerte; mantén tus principios incluso cuando sean probados. El verdadero heroísmo se encuentra en la lucha diaria, en la quietud de decisiones difíciles tomadas con dignidad. La adversidad es el campo de entrenamiento para el espíritu; aquí es donde ganamos la fortaleza para futuras batallas. No temas a la oscuridad de la prueba; en su núcleo, guarda la promesa de una luz más brillante.

Superar es transformar el dolor en enseñanza, el miedo en fortaleza, y la pérdida en una preciosa ganancia de sabiduría. La adversidad no cambia quiénes somos, revela quiénes somos realmente; deja que muestre tu fortaleza, no tu temor. Recuerda, las grandes historias nacen de grandes desafíos; escribe la tuya con valentía y gracia. La perseverancia ante la adversidad es como un río que, a pesar de los obstáculos, encuentra su camino al mar. En el crisol de la dificultad, aprendemos que la verdadera paz no proviene de la ausencia de problemas, sino de nuestra capacidad para tratarlos. La verdadera medida de nuestro espíritu no se encuentra en nuestra facilidad para disfrutar, sino en nuestra capacidad de sufrir. Cada momento de adversidad es una invitación a redescubrir nuestras fortalezas, a reinventarnos con más sabiduría y empatía. La capacidad de adaptarse y avanzar después de un revés es el verdadero indicador de la capacidad de una persona para tener éxito. La adversidad ofrece la oportunidad de demostrar nuestro valor, de enfrentar nuestros miedos y de superar nuestras limitaciones.

El desafío nos enseña a valorar los momentos de paz; aprendemos a ser santuarios de calma en cualquier tormenta. Superar la adversidad no solo se trata de encontrar la salida, sino de moldear el camino a medida que avanzamos. La resistencia se cultiva no en los jardines tranquilos, sino en las tormentosas batallas de la vida. Los obstáculos son simplemente direcciones no convencionales hacia nuestros destinos más deseados; encáralos con audacia. El valor para continuar, incluso cuando el camino es incierto, es el verdadero signo de un espíritu indomable.

La fortaleza interior se revela cuando el exterior se desmorona; en esos momentos, descubrimos de qué estamos hechos realmente. Encara cada adversidad con la certeza de que es una página más en la historia de tu crecimiento personal y espiritual. La vida a veces nos pide que seamos guerreros, no por la lucha misma, sino por la paz que esa lucha puede garantizar. El carácter se forja en las llamas de las dificultades; cada prueba superada es un testimonio de tu evolución. La adversidad no es un muro sino un puente hacia una comprensión más profunda de la vida y de nosotros mismos. Cada lágrima en tiempos de dificultad riega las semillas de un nuevo crecimiento que pronto florecerá. Afrontar y superar los desafíos es como esculpir nuestra estatua interior; cada golpe define nuestra forma final. Los momentos más desafiantes son convocatorias a nuestra alma para que se levante y demuestre su verdadera capacidad. La vida te desafiará de muchas maneras, pero cada desafío es también una invitación a elevarse y triunfar.

La perseverancia es el eco de nuestra determinación; resuena incluso en los valles más profundos de la desesperación. Superar la adversidad es el arte de convertir las batallas en puentes y los obstáculos en oportunidades. La resiliencia es nuestra canción en la noche; una melodía que se hace más dulce con cada nota de desafío enfrentado. La fortaleza no se trata de nunca caer, sino de levantarse cada vez que caemos con más sabiduría y esperanza. Cada desafío superado añade una estrella a tu cielo, iluminando el camino para aquellos que te siguen. La adversidad agudiza nuestro ingenio, profundiza nuestra comprensión y fortalece nuestro espíritu.

Enfrentar con valentía los tiempos difíciles es plantar las semillas de futuros jardines de paz y satisfacción. La superación de la adversidad nos enseña que el verdadero poder no reside en dominar a otros, sino en dominarnos a nosotros mismos. Los tiempos difíciles nos ofrecen la rara oportunidad de probar nuestra verdadera valía y redefinir nuestro propósito. La sabiduría adquirida en la adversidad es un faro que guía no solo nuestra vida, sino también la de aquellos a nuestro alrededor. Superar la adversidad es finalmente reconocer que cada desafío es un capítulo necesario en el libro de nuestra vida. La paciencia en la adversidad no solo es resistencia, es también la sabiduría de saber que el tiempo trae claridad. Cada piedra en el camino puede ser un obstáculo o un escalón, según cómo decidas usarla en tu ascenso. La verdadera valentía se mide en momentos de incertidumbre; es allí donde se revela el verdadero calibre de un espíritu. Las pruebas difíciles despliegan el mapa de nuestra alma, mostrándonos rutas que nunca habríamos explorado en la comodidad.

Encontrar la serenidad en medio del caos es descubrir el ojo de la tormenta dentro de ti, un refugio seguro y calmado. La adversidad es un maestro severo, pero justo; cada lección dolorosa esconde una sabiduría que ilumina el camino hacia adelante. Cuando parezca que todo está en contra tuya, recuerda que el árbol que sobrevive al viento más fuerte tiene las raíces más robustas. No juzgues el viaje solo por las dificultades encontradas; cada una de ellas es un signo de que estás avanzando hacia algo mayor.

La resiliencia es como un río que se abre camino a través de las rocas; no por la fuerza, sino por la persistencia. Aceptar que cada desafío es una parte esencial de nuestra historia es comprender que estamos siendo equipados para futuras victorias. El verdadero progreso se mide por la cantidad de desafíos superados; mira atrás y verás cuán lejos has llegado. Cada momento de adversidad es una nota en la sinfonía de tu vida; tócala con coraje y convertirás el ruido en música. El miedo a la adversidad es más paralizante que la adversidad misma; enfrenta tus miedos y descubrirás tu verdadero poder. Las heridas que nos inflige la vida son a menudo las que nos abren los ojos a nuevas visiones y nuevos caminos. La adaptabilidad es la cualidad que nos permite bailar con la adversidad, en lugar de ser derribados por ella. No hay testimonio sin prueba, ni victoria sin batalla; abraza tus luchas como los capítulos cruciales que son. La perseverancia en la adversidad es un canto de victoria que aún no se ha cantado, pero que ya resuena en el corazón.

La adversidad no es un callejón sin salida, sino un desvío inesperado hacia un destino aún no revelado. Un espíritu inquebrantable es aquel que puede sonreír ante la adversidad, sabiendo que es solo temporal. La verdadera fortaleza no viene del evadir los desafíos, sino del enfrentamiento valiente y directo con ellos. La sabiduría en la adversidad viene de reconocer que cada prueba es un escalón hacia una mayor comprensión y empatía. Encuentra la lección oculta en cada dificultad; es como buscar un tesoro en el vasto mar de la vida.

La fuerza interior se nutre de desafíos; sin ellos, no conoceríamos la plenitud de nuestras capacidades. La resiliencia es la poesía del espíritu que se recita frente a los vientos adversos de la vida. Cada día que superamos la adversidad, tejemos una manta más cálida de esperanza y fuerza para los días fríos. El coraje no siempre es un rugido; a veces, es el silencio tranquilo de decidir seguir adelante, a pesar de todo. El arte de superar no está en evitar caer, sino en aprender a levantarse con gracia cada vez que sucede. Los momentos de crisis son también momentos de claridad, donde lo que realmente importa se hace evidente. La paciencia es tu aliada en el camino de la adversidad; ella te enseñará a esperar el momento adecuado para actuar. Enfrenta cada desafío con la certeza de que es una oportunidad para demostrar tu valía, no para socavarla. El crecimiento personal es a menudo el resultado de caminos difíciles; abrázalos como tus maestros más efectivos. La perseverancia no es simplemente seguir adelante, es mantenerse firme en tus valores mientras avanzas. La capacidad de transformar el dolor en propósito es una de las habilidades más nobles y fortalecedoras.

La vida a veces nos pule con la fricción de la adversidad, para que nuestro brillo verdadero pueda emerger. La adversidad es un espejo que muestra la verdad de nuestro carácter; mira con atención y aprenderás mucho de ti mismo. Cada barrera superada es un testimonio de la indomable voluntad humana de alcanzar mayores alturas. La adversidad nos enseña a valorar los intervalos de paz y a prepararnos mejor para las tormentas futuras.

La flexibilidad mental en tiempos difíciles es más crucial que la fuerza; es lo que permite fluir con los cambios sin romperse. Hay que recordar que después de la noche más oscura viene el amanecer nos da fuerzas para continuar en los momentos difíciles. Superar la adversidad es también aprender a ser amable contigo mismo; reconocer tu esfuerzo y celebrar tus pequeñas victorias. La tenacidad es el timón que guía nuestra nave a través de las tormentas de la vida, manteniendo el curso a pesar de los vientos contrarios. Cada desafío superado nos deja una cicatriz; marcas de valentía, no de derrota, que narran nuestra capacidad para perseverar. La adversidad es un crisol donde se forja el carácter; en sus llamas, descubrimos la aleación más fuerte de nuestra voluntad. La esperanza es el hilo que cose las heridas del corazón; nunca dejes que se rompa, por más tensa que sea la situación. Cada prueba en la vida es una piedra angular en la construcción de tu fortaleza interna; úsalas para edificar, no para encerrar. La adaptabilidad es el arte de bailar con el cambio, de fluir con las mareas de la adversidad sin perder el ritmo.

Los momentos más difíciles a menudo preceden a los mayores logros; la oscuridad es solo el telón de fondo para las estrellas. El autoconocimiento que surge en tiempos de crisis es un tesoro que ninguna situación tranquila podría ofrecer. Afronta cada adversidad con el espíritu de un guerrero; sabiendo que cada batalla te enseña algo vital para la siguiente. Las pruebas de la vida no están destinadas a quebrarnos, sino a mostrarnos dónde necesitamos fortalecernos. La claridad que se alcanza al superar desafíos es invaluable; como un faro, ilumina el camino a seguir. La adversidad despierta en nosotros una fortaleza insospechada, como un volcán que revela su poder solo en la erupción.

Cuando superes una montaña, toma un momento para disfrutar la vista; cada victoria merece ser celebrada. La determinación de seguir adelante, incluso cuando todo parece perdido, es lo que define a los verdaderos líderes y héroes. La adversidad es una prueba de paciencia y fe; quien las cultiva, no solo sobrevive, sino que prospera. En cada caída hay una oportunidad para aprender el arte de levantarse; practícalo con dedicación y maestría. Aprender a navegar por las aguas turbulentas de la vida nos equipa mejor para cualquier tormenta futura. No hay victoria más dulce que aquella ganada tras superar grandes desafíos; el sabor del triunfo es más rico tras la lucha. La adversidad no solo construye carácter, también revela la calidad de las relaciones que hemos tejido a lo largo del camino. Los retos son invitaciones a elevar nuestro nivel de juego, a superar nuestras expectativas y a descubrir nuevos horizontes de capacidad. La fortaleza mental se construye en los campos de batalla de nuestras luchas diarias; cada desafío enfrentado es un ladrillo más en el edificio de nuestra resistencia.

En el corazón de cada adversidad yace una lección valiosa; busca aprenderla, y la dificultad no habrá sido en vano. El optimismo en tiempos de prueba no es una negación de la realidad, sino una afirmación de la posibilidad de superarla. La perseverancia es como el agua que, gota a gota, erosiona la roca más dura; nunca subestimes el poder de la constancia. La superación personal a través de la adversidad es el acto más auténtico de honrar la vida y sus potenciales ocultos. Cada desafío que superas es una declaración de que no eres un espectador en tu vida, sino el protagonista activo.

La capacidad de mantener la calma en la tormenta es un superpoder que se cultiva en los momentos de quietud y reflexión. El coraje no es la ausencia de miedo, sino la decisión de enfrentar lo que tememos con una voluntad indomable. La adversidad nos enseña a ser humildes, recordándonos que somos parte de algo más grande y conectado de lo que a veces creemos. Enfrentar la adversidad con gracia es un arte que ennoblece el alma y eleva el espíritu por encima de las circunstancias mundanas. Cada experiencia difícil es un pincel que pinta profundidad en el lienzo de nuestra vida; cada trazo cuenta nuestra historia. La capacidad de transformar el sufrimiento en sabiduría es una de las mayores virtudes del ser humano. Los obstáculos son apenas las sombras de los grandes triunfos que nos esperan si elegimos seguir caminando hacia la luz. Hay que reconocer que cada día trae tanto desafíos como oportunidades es abrazar plenamente la danza de la vida.

La verdadera medida de nuestro crecimiento es cuánto hemos aprendido a través de lo que hemos superado. La adversidad aguza nuestra percepción de la realidad; nos enseña a distinguir lo esencial de lo trivial. Los momentos de prueba son convocatorias a profundizar nuestras raíces en los valores que nos sostienen. La superación de los desafíos es la verdadera esencia de la evolución personal; cada paso adelante es un triunfo sobre lo ordinario. La resiliencia es nuestro legado más duradero; es la huella que dejamos, mostrando que no solo existimos, sino que prevalecimos.

Los tiempos difíciles son los maestros más severos, pero sus lecciones son fundamentales para nuestro desarrollo integral. La paciencia es la compañera silenciosa de la resiliencia; juntas, forman un escudo contra las tempestades de la vida. Cada dificultad que enfrentamos es un escalón hacia una mayor claridad y comprensión de nuestro propio poder y propósito. La victoria sobre la adversidad a menudo llega en silencio, no con fanfarrias, pero con un cambio profundo en nuestro interior. La perseverancia frente a los desafíos es la verdadera prueba de nuestro carácter y la autenticidad de nuestras aspiraciones. La adversidad no es un enemigo a vencer, sino un maestro del cual aprender; cada desafío es un curso intensivo en la vida. La fortaleza no se revela en la facilidad y la comodidad, sino en los desafíos que enfrentamos y cómo los manejamos. Superar obstáculos es un arte que requiere creatividad, paciencia y una firme creencia en la posibilidad de éxito. La adversidad nos obliga a mirar dentro de nosotros mismos y a descubrir recursos que no sabíamos que teníamos.

La vida nos desafía no para ponernos de rodillas, sino para motivarnos a elevarnos más alto que nunca. Cada batalla ganada contra la adversidad es una celebración del espíritu humano y su incansable capacidad para triunfar. Los momentos difíciles pueden parecer interminables, pero son solo temporales; la perseverancia los convierte en pasajeros. La capacidad de enfrentar adversidades con esperanza es la esencia de una vida vivida plenamente y con coraje. La resiliencia no es solo recuperarse, sino usar cada experiencia difícil como un trampolín hacia nuevos comienzos.

La verdadera sabiduría viene de entender que cada desafío en nuestra vida es una oportunidad para crecer y aprender. A veces, las pruebas más difíciles de nuestras vidas son también los prolegómenos de nuestros más grandes logros. La adversidad nos enseña la preciosa lección de la impermanencia y la necesidad de vivir cada momento a plenitud. En cada crisis reside la semilla de un crecimiento y una renovación extraordinarios; solo necesitamos cultivarla con esperanza. Superar la adversidad no solo cambia lo que somos, sino que también redefine lo que creemos que es posible. Cada paso adelante en tiempos difíciles es un testimonio de la fuerza indomable del espíritu humano. La superación de la adversidad es la celebración de la vida misma; un recordatorio de que incluso en la oscuridad, podemos encontrar luz.

LA SERENIDAD EN EL CAOS

En el ojo del huracán, encuentra el lugar donde reina la calma; allí donde el mundo gira, tú permaneces inmóvil y sereno. La serenidad no se encuentra escapando del caos, sino en el centro mismo de él, donde la paz es un estado del ser, no del entorno. Como el loto que florece en aguas turbias, así debe florecer nuestra paz interior; inmaculada, pura y radiante. La verdadera tranquilidad es un refugio que construimos dentro de nosotros, no un lugar al que escapamos.

Observa el caos a tu alrededor como las estrellas en la noche; cada uno con su lugar en el cosmos, cada uno esencial para el todo. El mar en tempestad y la calma del puerto comparten la misma agua; así, nuestra paz comparte el mismo corazón que nuestro tumulto. Encuentra la serenidad en el reconocimiento de que cada ola de caos eventualmente se retira, dejando la playa de la mente clara y serena. El caos es simplemente orden esperando ser descubierto. Con paciencia y claridad, cada desorden revela su propósito y patrón.

En la música del mundo, el caos y la serenidad son notas en la misma melodía; aprender a escucharlas es comprender la canción completa. La serenidad surge de la aceptación de que el cambio es la única constante; abrazar el flujo de la vida es bailar con el viento. La tranquilidad no es la ausencia de ruido, sino la capacidad de encontrar un silencio interior aun cuando el tumulto ruge. Como el águila que sobrevuela la tormenta, eleva tu mente por encima del caos, viendo desde lo alto con claridad y perspectiva. Cada momento de desorden es una invitación a reordenar nuestras prioridades, a centrarnos en lo que verdaderamente importa. La paz es el arte de navegar por corrientes turbulentas con un corazón calmado y un espíritu indomable. En la fragua del caos, templamos el acero de nuestro carácter, forjando la serenidad a través del fuego de las pruebas.

El caos exterior es un reflejo de un caos interior; alinea tu interior y el mundo a tu alrededor comenzará a ordenarse. La serenidad es un faro en la noche del desorden, guiando a los barcos perdidos hacia la seguridad de la costa. Encuentra la paz en el reconocimiento de que cada instante de confusión es pasajero, como nubes que cruzan el cielo claro de la mente. La calma es un regalo que nos hacemos en medio del caos; un oasis de quietud en el desierto de la agitación. La serenidad es el oro extraído de la mina del tumulto; cuanto más profundo el caos, más preciosa la paz que se descubre.

La serenidad no se halla huyendo del tumulto, sino abrazando la calma que yace en el corazón del huracán. Como el maestro que ve orden en el aula revuelta, encuentra la armonía en la aparente confusión de la vida. La tranquilidad es una elección en el cruce de caminos entre el ruido y el silencio; elige el sendero que lleva a la paz. En el lienzo del caos, la serenidad pinta con pinceladas de aceptación, paciencia y comprensión. El caos es el maestro que desafía nuestra habilidad para encontrar la paz interna en cualquier circunstancia. Cada momento de desorden es una oportunidad para fortalecer nuestro refugio interior de serenidad. La paz es el arte de construir un puente sobre el río turbulento del caos, caminando con seguridad hacia la orilla de la claridad. La verdadera serenidad es una luz que brilla más intensamente contra la oscuridad del desorden. Encuentra calma en reconocer que el caos, al igual que las estaciones, cambia y cede lugar a la orden y la tranquilidad. En el vórtice del caos, la serenidad es la quietud en el centro, el punto fijo alrededor del cual todo lo demás gira.

La aceptación del caos como parte de la vida es el primer paso hacia una paz duradera. Como el sol que emerge tras la tormenta, así debe ser nuestra serenidad; siempre presente, esperando detrás de las nubes del tumulto. La serenidad en el caos es un acto de rebelión contra el desorden del mundo, un testimonio de nuestra fortaleza interna. La tranquilidad es saber que el caos tiene un propósito, y nuestra paz viene de entender ese propósito. En el corazón del caos, encuentra la semilla de un orden nuevo, una oportunidad para renacer en serenidad. La paz es la poesía que leemos en las páginas del libro del caos, entendiendo cada palabra, cada pausa.

La serenidad es la melodía que se toca sobre el ruido de fondo del mundo; aprende a escuchar esa música, no el ruido. Como el río que fluye sereno a pesar de las rocas en su camino, así debe ser nuestro viaje a través del caos. En la danza del caos, la serenidad es nuestro paso firme, nuestra mano que guía el ritmo en la confusión. El caos nos desafía a encontrar nuestro centro de gravedad, el punto de calma desde donde todo parece posible. La serenidad es un faro, iluminando nuestro camino a través de la niebla del desorden, guiándonos hacia puertos seguros. En el caos, la serenidad es una declaración de independencia; una afirmación de que, aunque el mundo gire, nuestro espíritu permanece intacto. La calma en medio del caos no es una negación de la turbulencia, sino un abrazo de la paz que subyace más allá de la superficialidad del tumulto. Como el maestro de un arte antiguo, la serenidad nos enseña a esculpir la paz a partir del bloque bruto del desorden.

Cada momento de caos lleva en sí mismo el espejo de la serenidad; mira profundamente y verás tu reflejo tranquilo. La verdadera paz es como el agua profunda que, tranquila y serena, yace inmóvil mientras la tormenta ruge sobre la superficie. Encuentra la serenidad en la aceptación de que el caos, al igual que la calma, es transitorio y siempre cambia de forma. La serenidad es el arte de mantener la calma cuando el caos intenta desmantelar nuestra paz con sus tempestuosas manos. En el teatro del mundo, la serenidad es nuestro papel más desafiante y gratificante, jugado con la maestría de la aceptación y la comprensión.

Como las estrellas que permanecen fijas y serenas ante el giro de la galaxia, así debemos nosotros anclarnos en nuestra paz interior. La tranquilidad no es la ausencia de ruido, sino la presencia de una armonía que trasciende el tumulto externo. Encontrar serenidad en el caos es como descubrir un antiguo secreto, un conocimiento que transforma la turbulencia en tranquilidad. La paz es el susurro que oímos claramente solo cuando el ruido del caos se ha apaciguado con nuestra propia calma. La serenidad es la sombra fresca en el desierto del caos; un refugio donde podemos recuperar nuestras fuerzas y claridad. El caos nos reta a ser arquitectos de nuestra propia paz, constructores de serenidad en medio de la disonancia. La serenidad en el caos es un acto de equilibrio, manteniendo nuestra calma mientras todo a nuestro alrededor se balancea. Como el capitán que mantiene el rumbo en una tormenta, nuestra serenidad dirige el barco de nuestro ser a través del mar revuelto del caos. La tranquilidad es el fuego tranquilo que arde en el hogar del corazón, sin importar las tormentas que azoten el exterior. En el caos, la serenidad es nuestra resistencia, la fuerza que nos permite enfrentar cada día con renovado propósito y paz.

La paz es el idioma que el alma habla cuando el mundo exterior se convierte en un tumulto de voces confusas. La serenidad es un acto de valentía, una elección consciente de mantener la calma cuando el entorno incita al pánico. En el jardín del espíritu, cultiva la serenidad; que sus raíces profundas te sostengan firmemente en los suelos cambiantes del caos. La calma en el caos es como un faro en la noche; guía a los perdidos hacia la seguridad con su luz de paz y claridad. La tranquilidad es el arte de ver belleza en la tempestad, de encontrar orden en el desorden aparente.

Cada ola de caos que rompe sobre nosotros también limpia el camino hacia la serenidad, si sabemos cómo navegarla. Como el búho en vuelo silencioso, la serenidad nos permite pasar por encima del caos sin alterar nuestra paz interna. La serenidad es el secreto susurrado por el viento entre los árboles del bosque revuelto; escucha y aprenderás a estar en calma. Encontrar paz en medio del caos es reconocer que cada situación tiene un ritmo, un flujo y reflujo, y un centro de quietud. La calma es una declaración de independencia del tumulto del mundo, un espacio sagrado de tranquilidad que defendemos con tenacidad. La serenidad en el caos no es una huida del ruido, sino un encuentro profundo con la paz que habita bajo la superficie del tumulto. Cada instante de caos es un lienzo en blanco para la serenidad; pinta con los colores de la paciencia, la comprensión y la aceptación.

La tranquilidad es un puente sobre el río turbulento del caos, construido con piedras de perseverancia y cables de esperanza. La serenidad es la música que se toca en el silencio entre las notas del caos; aprende a escuchar esa melodía. Como el lago que refleja las estrellas, sin importar el viento, así debe ser nuestra paz: un espejo de serenidad en cualquier tormenta. La calma en el caos es un acto de rebelión contra la corriente del desorden, una afirmación de control sobre nuestro mundo interior. La paz es un arte antiguo, aprendido en los talleres del tiempo y la experiencia, perfeccionado en el horno del caos.

La serenidad es el sol que brilla sobre un mar tormentoso, proporcionando luz y calor incluso en medio de la tempestad. Encontrar calma en el caos es como encontrar agua en el desierto; preciosa, vital y rejuvenecedora. La tranquilidad es el regalo que nos damos en el epicentro del caos, un santuario de calma en el corazón del huracán. La serenidad es el árbol cuyas hojas no se agitan con el viento del caos; firme, tranquilo, inamovible. La serenidad es el maestro silencioso que nos enseña a encontrar el ritmo en el desorden, la armonía en la discordia. En el corazón del caos, la tranquilidad es un acto de coraje, un oasis de paz en el desierto de la agitación. La calma es un acto de resistencia contra el tumulto del mundo, una fortaleza interna que no puede ser asediada. La paz es el flujo tranquilo del río que sigue su curso a pesar de las rocas y remolinos del caos a su alrededor. Como la profundidad del océano, que permanece imperturbable a pesar de las tormentas en la superficie, así es nuestra serenidad. La tranquilidad no se trata de eliminar el caos, sino de cultivar un jardín de paz en medio de él.

La serenidad es el arte de equilibrar la mente como un acróbata sobre el alambre del caos, con gracia y precisión. Cada nota de caos en la sinfonía de la vida nos da la oportunidad de componer nuestra propia música de paz. La calma es una elección que hacemos en el corazón del caos; un paso firme en un suelo que tiembla. Encontrar serenidad en medio del caos es como pintar la quietud en un lienzo en movimiento, una obra de arte en constante evolución. La serenidad es la estrella que guía a los marineros a través de mares agitados; sigue su luz y encontrarás tu camino.

La tranquilidad es saber que, aunque el caos se despliegue a nuestro alrededor, dentro de nosotros puede reinar un eterno verano. En el teatro del caos, la serenidad es nuestro refugio privado, un balcón desde donde observamos la obra sin ser arrastrados por ella. La paz es el idioma que el alma habla cuando el mundo alrededor ha caído en el caos de la confusión. La serenidad es la quietud que sigue a la aceptación completa del tumulto como parte de la danza de la vida. Como el árbol que se mantiene erguido en el huracán, nuestra tranquilidad es la raíz que nos ancla a través de cualquier tormenta. Encontrar calma en el caos es un acto de magia personal, transformando el plomo de la perturbación en el oro de la paz. La serenidad en medio del caos es un poema escrito en el idioma del espíritu, leído en voz baja mientras el mundo grita. La tranquilidad es una capa que nos protege de la lluvia ácida del caos, manteniéndonos secos y calmos bajo su abrazo. La paz es un camino que se despliega bajo nuestros pies, a medida que caminamos con serenidad a través del laberinto del caos.

La serenidad es una vela encendida en la oscuridad del caos; aunque pequeña, su luz es suficiente para guiar el camino. En el ruido del desorden, la tranquilidad es una melodía suave que sólo aquellos que escuchan atentamente pueden percibir. Como el lobo en la tormenta, mantente calmado y observador; tu paz interior es la fuerza que domina la naturaleza salvaje del caos. La serenidad en el caos es como el reflejo de la luna sobre un lago turbulento; un recordatorio de que la belleza reside en la calma interior.

Cada ráfaga de caos es una prueba de nuestra habilidad para mantener la calma; la verdadera victoria es la paz conquistada dentro de uno mismo. La tranquilidad es el escudo contra las flechas del caos; forjado no de acero, sino de comprensión y aceptación. Encuentra en cada momento caótico la oportunidad de ser el ojo de la tormenta; sereno, central, inquebrantable. La paz es el arte de reconocer el caos como un viejo amigo, cuyas visitas tumultuosas nos enseñan el valor de la serenidad. La serenidad es el resultado de haber navegado muchas veces por las aguas del caos; cada viaje nos hace más expertos en el arte de la calma. En la biblioteca del caos, la tranquilidad es un libro raro y valioso, cuyas páginas ofrecen sabiduría insondable a quienes se atreven a leerlo. La calma es un jardín secreto en medio de la ciudad del caos; cultívalo bien y proporcionará refugio y sustento. La serenidad no es la ausencia de batallas, sino la paz firmemente mantenida en el corazón de la guerra.

Como la estatua en el parque, que observa inmutable el bullicio a su alrededor, así debe ser nuestra paz: digna y perpetua. La tranquilidad es una composición delicada, tocada en un instrumento afinado por experiencias y sabiduría en medio del tumulto. Cada instante de caos es como una nota discordante en una sinfonía; la serenidad es el maestro que restaura la armonía. Encuentra la calma en reconocer que el caos, no importa cuán grande, es sólo una parte de la vasta narrativa de la vida. La serenidad es una fortaleza construida dentro del alma; aunque las olas del caos la asedien, permanece indemne y majestuosa.

En el lienzo del universo, la paz pinta con tonos suaves sobre las sombras del caos, creando una obra maestra de equilibrio. La tranquilidad es como el ancla que mantiene al barco seguro, no importa cuán violentas sean las tormentas que lo rodean. Como el árbol que se dobla, pero no se rompe bajo el peso del viento, así es nuestra serenidad: flexible pero indestructible. La calma es la sabia respuesta del alma que ha aprendido a fluir con las corrientes del caos sin perder su rumbo. La serenidad es el reflejo del cielo en un lago turbulento; una visión de paz que persiste a pesar de las tempestades. Como el pintor que ve un cuadro en un lienzo en blanco, el sabio ve una oportunidad de paz en cada escenario de caos. La tranquilidad es la profundidad del océano, inalterable por las tormentas que agitan su superficie. Cada grito de caos es un llamado al silencio de la serenidad; una invitación a encontrar la calma en medio del ruido. La paz es la brújula que nos guía a través del laberinto del caos, mostrando el camino cuando todas las direcciones parecen iguales. La serenidad es como el amanecer que rompe la oscuridad de la noche; un recordatorio constante de que la luz sigue a la sombra.

En la orquesta del caos, la tranquilidad es el director; con su batuta marca el ritmo que convierte el desorden en sinfonía. La calma en el caos es un acto de resistencia, una afirmación de que el espíritu no puede ser perturbado por las tormentas externas. Como el maestro zen en meditación, la serenidad en el caos es un testimonio del poder del espíritu tranquilo. La tranquilidad no es un regalo del entorno, sino una creación propia, forjada en el corazón de quien busca la paz. La paz es el resultado de un alma que ha aprendido a ver el caos no como un enemigo, sino como un maestro.

Encontrar serenidad en medio del caos es como encontrar agua en el desierto; esencial y transformadora. La calma es el fuego que arde sin llamas, proporcionando luz y calor sin el furor del incendio. La serenidad es la piedra en el río del caos, alrededor de la cual las aguas turbulentas encuentran un camino. La tranquilidad es un baile, y el caos la música; aprender a moverse al ritmo del desorden es dominar el arte de la calma. Como la flor que crece en la grieta del asfalto, la paz puede florecer en los lugares más improbables. La serenidad es el arte de construir un templo interno, inmune a los terremotos del mundo exterior. En la fábrica del caos, la calma es el producto más refinado, elaborado con paciencia y destreza. La tranquilidad en el caos es un poema escrito en el idioma del alma, comprendido solo por aquellos que buscan entender.

La serenidad es la flor que florece en el suelo agitado del caos, demostrando que la paz puede surgir en cualquier circunstancia. En el teatro del mundo, la calma es el asiento desde el cual observamos el drama del caos sin ser arrastrados al escenario. La tranquilidad es la sabiduría de aceptar el caos como parte del ciclo natural de la vida, entendiendo que cada tempestad tiene su fin. Como el buceador que encuentra silencio bajo las olas turbulentas, encuentra tu serenidad en las profundidades de tu alma.

La paz es el arte de mantener la cabeza alta cuando el caos intenta derribarte, de mantener la vista clara cuando todo a tu alrededor es borroso. La serenidad en el caos es como un farol en la noche; aunque el viento sople, su luz persiste, guiando el camino. Encontrar calma en el caos es un acto de equilibrio, una habilidad de mantenerse centrado en el ojo de la tormenta. La tranquilidad no se trata de eliminar el ruido, sino de transformar nuestra percepción de él, hallando música en el ruido. Como el águila que vuela por encima de la tormenta, eleva tu mente sobre el caos, y desde esa altura, todo parece más pequeño. La serenidad es un estado del ser, alcanzado no por la ausencia de caos, sino por la transformación interna que el caos incita. La calma es un acto de coraje, una decisión consciente de no permitir que el tumulto externo gobierne nuestro mundo interno. En la danza de la vida, el caos y la serenidad son compañeros de baile, moviéndose juntos en una coreografía compleja pero hermosa. La tranquilidad es el susurro tranquilo que sobrevive al grito del caos, ofreciendo respuestas cuando solo se plantean preguntas. La paz es el río que fluye a través del paisaje cambiante del caos, sereno y seguro de su curso.

Como la luna que brilla serena en un cielo nublado, así debe brillar nuestra calma, un constante recordatorio de que detrás del caos, siempre hay luz. La serenidad en el caos es un jardín cultivado en medio de un incendio forestal, un lugar de vida y crecimiento a pesar de las adversidades. La tranquilidad es la fuerza que se levanta en respuesta al desafío del caos, un pilar firme en el torbellino de la vida. Encontrar serenidad en el caos es descubrir el secreto de que el control verdadero reside no en cambiar el entorno, sino en dominar la mente. La calma es el perfume que la flor de la paz emite, incluso cuando está rodeada por las llamas del caos.

La tranquilidad es el sol que nunca se pone, incluso en el eclipse del caos, sigue brillando desde detrás del velo de la confusión. La paz es un refugio que construimos dentro de nosotros, piedra por piedra, con cada acto de calma y cada pensamiento tranquilo. Como el maestro que haya silencio en el bullicio de la clase, así debemos encontrar nuestra serenidad en el centro del caos. La serenidad es un faro que no solo ilumina nuestro camino, sino que también orienta a otros a través de la tormenta. La calma en el caos es como un pozo profundo; mientras más caótico es el entorno, más profunda debe ser nuestra serenidad. Encontrar tranquilidad en el tumulto es como tejer una manta de paz; cada hilo es un momento de aceptación y entendimiento. La paz es la capacidad de estar en el centro del huracán y aun así sentir el sol que brilla en algún lugar sobre las nubes. La serenidad en el caos es una obra de arte, pintada no en un lienzo tranquilo, sino directamente en el remolino de la vida. La tranquilidad es el arte de ver el caos como un aliado, como un maestro rudo que nos desafía a crecer y a florecer.

Como el alquimista transforma el plomo en oro, así debemos transformar el caos en serenidad mediante nuestra percepción y reacción. La calma es un estado de gracia que emerge no de la ausencia de problemas, sino de la presencia de una fortaleza interior. La paz no se encuentra huyendo del caos, sino enfrentándolo con un corazón tranquilo y una mente clara. La serenidad es la quietud que llega no cuando el caos cesa, sino cuando nuestra alma aprende a coexistir con él. Encontrar calma en el caos es como hallar un antiguo sendero en un bosque olvidado; ambos existen, esperando ser descubiertos.

La tranquilidad en medio del caos es como la luz de la luna sobre el mar agitado; una guía suave en la oscuridad. La paz es el equilibrio que mantenemos no solo dentro de nosotros, sino entre nosotros y el mundo que nos rodea. La serenidad es la sabiduría de aceptar el caos como una parte inevitable de la vida y aprender a fluir con él. Como las raíces que se aferran firmemente bajo tierra, nuestra tranquilidad debe anclarse profundamente dentro de nosotros, inamovible ante el caos exterior. En el caos, la calma es una canción cuya melodía se aprende a través de la práctica constante de la paciencia y la comprensión. La serenidad es el perfume que se desprende de las flores del espíritu; aunque invisible, su presencia es inconfundible. La tranquilidad es un viaje, no un destino; cada paso a través del caos es un paso hacia la comprensión de nuestra propia capacidad de paz. La serenidad es como un río tranquilo que fluye a través de un paisaje caótico, siempre en curso, sereno y determinado. En el tumulto del mundo, la tranquilidad es un refugio que construimos dentro de nosotros, inquebrantable ante las tormentas externas.

La paz es el arte de transformar el caos en un coro, donde cada voz discordante contribuye a una armonía más rica. Como el filósofo que encuentra claridad en el debate, así debemos encontrar nuestra calma en la disputa del caos. La serenidad no es la ausencia de ruido, sino la presencia de una mente que todo lo abarca y comprende. La tranquilidad en el caos es como un farol brillando en la oscuridad, guiando a los perdidos hacia la seguridad de la luz. La paz es un oasis en el desierto del caos, donde el viajero cansado puede refrescarse y reorientarse.

La serenidad es la aceptación del caos como un aspecto natural de la vida, y la decisión de no dejar que perturbe nuestra paz interna. Encontrar calma en el caos es un acto de magia personal, una alquimia del alma que transforma el plomo de la preocupación en el oro de la paz. La tranquilidad es la habilidad de ver la belleza en el caos, de encontrar el orden oculto en el desorden aparente. Como el pintor que capta la esencia tranquila de una escena caótica, así debemos capturar y cultivar nuestra serenidad. La paz es el estado de ser que alcanzamos cuando comprendemos que el caos y la serenidad son dos caras de la misma moneda. La tranquilidad es un baile con el caos, un movimiento grácil y equilibrado que convierte la confusión en coreografía. La serenidad en medio del caos es un testimonio de la fortaleza del espíritu humano, capaz de encontrar luz en la oscuridad. La paz es una composición musical donde cada nota de caos encuentra su lugar, creando una sinfonía de tranquilidad.

Encontrar calma en el caos es como descubrir un secreto antiguo, un conocimiento que lleva a la paz en medio de la tormenta. La serenidad es la fuerza que surge al reconocer que el caos exterior no tiene poder sobre nuestra paz interior. Como el centro de un huracán, la tranquilidad en el caos es un espacio de quietud en medio del torbellino. La paz es un estado de gracia que alcanzamos no al evitar el caos, sino al abrazarlo y aprender de él. La tranquilidad es el arte de mantener la serenidad no solo en la quietud, sino especialmente en el corazón del caos.

INDEPENDENCIA EMOCIONAL

La independencia emocional es el arte de ser dueño de tu propio corazón, sin dejar que las olas externas perturben la calma de tu lago interior. En la fortaleza de tu espíritu, encuentra la libertad de no ser esclavo de tus pasiones, sino el maestro de ellas. La verdadera autonomía emocional surge cuando dejamos de buscar en otros el sol que puede brillar desde nuestro propio ser. Como el águila que vuela alto, independiente del tumulto de la tierra abajo, así debe volar nuestro espíritu, elevado sobre las trivialidades que agitan a los demás.

La serenidad emocional no es la ausencia de tormenta, sino la habilidad de mantenerse firme y tranquilo en su centro. La independencia emocional es como un jardín cultivado en el alma; cada emoción es una flor que debe ser cuidada, pero nunca dejada que crezca salvaje. Fortalece tu corazón con la sabiduría de que ninguna perturbación exterior tiene el poder de influir en tu paz interior, a menos que tú lo permitas.

Encuentra en ti mismo el ancla que otros buscan en tierras lejanas; tu propia profundidad es tu más seguro refugio. Como el Estoico frente al destino, abraza cada emoción con comprensión, pero sin apego, sabiendo que todo fluye y nada permanece. La independencia emocional es la respuesta del alma sabia a la pregunta eterna de cómo vivir en paz en un mundo turbulento. Sé cómo la montaña;

aunque los vientos de la vida soplen furiosos a su alrededor, ella permanece majestuosa, inmóvil y serena. El dominio de uno mismo es el primer paso hacia la libertad emocional; quien se conquista a sí mismo es verdaderamente libre. La libertad emocional es el fruto dulce del trabajo arduo del autoconocimiento; cada semilla de introspección florece en autonomía. No dejes que las tormentas externas penetren las murallas de tu fortaleza interior; que tu serenidad sea inquebrantable. En el teatro de la vida, no seas espectador de tus propias emociones; sé el director, el que decide cómo y cuándo deben actuar.

La verdadera independencia emocional se logra cuando cada sentimiento es visto no como un dictador, sino como un consejero. La autonomía del corazón viene de entender que ningún elogio o crítica define tu valor; tú eres el único árbitro de tu valía. Como el sabio que ve la tormenta desde la cima de la colina, observa tus emociones desde la altura de tu conciencia. La independencia emocional no es frío aislamiento, sino cálido auto abrazo; no es desapego de otros, sino compromiso contigo mismo. La paz emocional es una danza delicada entre sentir profundamente y no ser gobernado por esos sentimientos.

Fortalece tu resolución de actuar según tu razón, no impulsado por las olas emocionales que otros puedan generar. La libertad emocional es una fortaleza construida sobre la comprensión de que tus emociones son tuyas para dirigir, no para ser dirigido por ellas. Como el mar que acoge todos los ríos, sé receptivo a tus emociones, pero no dejes que te subyuguen; domina las mareas dentro de ti. La autonomía emocional es el arte de vivir en equilibrio;

aceptando sentir plenamente, mientras se mantiene el control sobre cómo esos sentimientos son expresados. No permitas que el ruido de los deseos y temores de otros perturbe la quietud de tu propio ser; encuentra tu paz en tu independencia. La independencia emocional se alcanza cuando se aprende que el estar solo no es estar vacío, sino estar completo uno mismo. Como un árbol que se mantiene firme, independientemente de cómo soplen los vientos, mantente firme en tu serenidad emocional.

La madurez emocional llega cuando dejamos de esperar que el mundo exterior llene los vacíos interiores y empezamos a nutrirnos desde dentro. Cultiva la habilidad de separar tus respuestas emocionales de las circunstancias externas; cada situación es una oportunidad para practicar la serenidad. Al igual que el Estoico contempla la vida con ecuanimidad, observa tus emociones sin juzgarlas, aprendiendo de ellas sin dejar que te dominen. La verdadera libertad viene cuando las cadenas de la expectativa y el rechazo son reemplazadas por el abrazo de la aceptación propia. En el jardín de tu alma, poda las malas hierbas de la dependencia emocional, para que las flores de la autodeterminación puedan florecer.

La independencia emocional es saber que la fuente de tu bienestar reside dentro de ti, no en las manos de otro. La serenidad es tuya cuando descubres que ningún temor o deseo tiene el poder de perturbar tu paz interior, a menos que tú lo permitas. Cada emoción que experimentas es una nota en la sinfonía de tu vida; tú eres el maestro que puede armonizar esas notas en una obra de tranquilidad. La autonomía emocional es un camino pavimentado con la sabiduría de conocerse a sí mismo, aceptarse y, sobre todo, respetarse. Enfréntate a cada día con la certeza de que tus emociones son herramientas, no obstáculos; usadas sabiamente, pueden llevarte a la plenitud. No busques en el exterior lo que solo puede ser cultivado internamente; la independencia emocional es un jardín que solo tú puedes florecer. La paz interior es un santuario sagrado que debe ser protegido y mantenido libre de la invasión de emociones externas. Encuentra en ti mismo un refugio contra la tormenta de las pasiones humanas; un lugar donde puedas retornar para encontrar claridad y calma.

La independencia emocional es el faro que guía a través del mar tempestuoso de las reacciones y respuestas automáticas hacia aguas más tranquilas de autodominio. Como el sabio que camina solo en tranquilidad, reconoce que la compañía más valiosa es la que construyes dentro de tu propia mente. La libertad emocional se logra no al evadir las emociones, sino al enfrentarlas con valor y comprensión, aprendiendo de cada una sin dejar que dicten nuestro camino. Cultiva la fortaleza para no ser gobernado por tus afectos; la verdadera autonomía surge cuando nuestros sentimientos son consejeros, no carceleros.

Encuentra la serenidad incluso cuando las emociones intentan desbordar las orillas de tu espíritu; cada oleada controlada es un triunfo del yo consciente. La independencia emocional no es un regalo, sino una conquista, un territorio ganado a través de la persistente práctica de la introspección y el autocontrol. Cada día ofrece la oportunidad de fortalecer tu autonomía emocional, de elegir la calma en medio del caos, la razón sobre la reacción. Como el capitán de un barco, mantén el timón de tus emociones firmemente en tus manos, navegando con propósito a través de las aguas cambiantes de la vida. La paz que nace de la independencia emocional es como un amanecer que dispersa la oscuridad de la incertidumbre y el miedo. Haz de tu corazón un santuario donde la paz prevalezca sobre la pasión, donde la serenidad gobierne sobre el tumulto. La verdadera libertad emocional llega cuando nos liberamos de la necesidad de aprobación externa y encontramos validación en nuestro propio juicio.

Al igual que un árbol que crece fuerte y seguro, anclado por sus raíces, así debe ser nuestra conexión con nuestra esencia para no ser sacudidos por el viento de las emociones ajenas. La independencia emocional es una danza entre conocerse a sí mismo y liberarse de las cadenas de las influencias externas. Fortalece tu resiliencia emocional como el artesano refina su obra; con paciencia, habilidad y la visión de una obra maestra en proceso. No permitas que las tormentas de las emociones de otros cambien el clima de tu mente; mantén tu atmósfera de paz. En el centro de tu ser, encuentra el equilibrio donde ni el elogio excesivo ni la crítica severa pueden desestabilizarte.

La serenidad conquistada en la batalla contra la dependencia emocional es un trofeo que brilla con el lustre de la autoaceptación. Como la roca inamovible que resiste el embate del oleaje, así debe ser nuestra firmeza ante las olas de emociones que intentan derribarnos. La autonomía emocional es el resultado de un diálogo interno honesto y compasivo, donde cada emoción es escuchada pero no temida. Desarrolla la habilidad de estar en paz en soledad;

que tu propia compañía sea tan enriquecedora como la multitud más estimulante. Cultiva la fortaleza para soportar lo que no puedes cambiar y la valentía para moldear tus emociones en aliados de tu paz interior. La verdadera autonomía emocional se alcanza cuando cada emoción es filtrada a través del tamiz de la razón y la sabiduría. Sé cómo el sol que brilla por igual sobre todas las cosas; no dejes que las nubes de las emociones ajenas oscurezcan tu día. La independencia emocional es un jardín donde los frutos de la autoconsciencia y la autocompasión maduran bajo el sol de la meditación.

Como el navegante usa las estrellas para encontrar su camino, usa tus valores para navegar el mar de las emociones sin perder tu rumbo. Encuentra la libertad no en la ausencia de emociones, sino en la habilidad de vivir con ellas sin que dicten tus acciones. La serenidad no se trata de evitar la tormenta, sino de aprender a bailar bajo la lluvia, manteniendo el ritmo de la calma. La independencia emocional es como un águila que vuela alto, por encima de las tempestades de la dependencia y la incertidumbre.

En cada desafío emocional, encuentra una oportunidad para reafirmar tu autonomía, como el alpinista que conquista una nueva cima. La tranquilidad emocional es el fruto de reconocer que somos los arquitectos de nuestro propio bienestar, constructores de nuestra paz. Que tu paz interna sea inquebrantable, como el profundo océano que se mantiene calmado, aunque la superficie esté agitada. La independencia emocional es saber que la única aprobación que realmente necesitas es la tuya propia, forjada en el respeto a ti mismo. Cultiva una fortaleza interna que sea inmune a las fluctuaciones de las opiniones ajenas, como una fortaleza rodeada de un foso imperturbable. En el arte de vivir, la independencia emocional es como pintar tu propio cuadro, donde los colores de tus emociones llenan el lienzo sin desbordarlo. Encuentra en cada experiencia la sabiduría para discernir entre lo que puedes cambiar y lo que debes dejar fluir. No dejes que las cadenas de la antigua dependencia emocional te retengan; cada paso hacia adelante es un eslabón que se rompe. La independencia emocional es como un río que se talla su propio camino, sin importar las piedras que encuentre en su curso.

Sé el maestro de tus emociones, no su esclavo; que cada sentimiento te sirva y no al revés. La libertad emocional llega cuando dejas de ser un eco de las expectativas de otros y te conviertes en la voz original de tu propia alma. Como el loto, eleva tus emociones por encima del lodo de la dependencia; crece hacia la luz de tu propia sabiduría y fuerza. La autonomía emocional es el regalo que te das cuando decides que ninguna tempestad externa puede perturbar la calma de tu interior.

En la independencia emocional, cada situación se convierte en un maestro, cada desafío en una lección sobre cómo permanecer centrado en uno mismo. La paz interior se alcanza cuando dejas de buscar fuera lo que solo puede ser cultivado en el jardín de tu alma. La libertad emocional es el resultado de una relación equilibrada entre mente y corazón, donde cada uno respeta el espacio del otro. Sé cómo el árbol que se mantiene erguido y sereno, sin importar cuán fuerte soplen los vientos de las circunstancias cambiantes. La verdadera independencia emocional se logra cuando se comprende que nuestras reacciones son ecos de nuestro propio poder, no de las acciones de otros. Cultiva la serenidad de saber que, aunque no puedes controlar todos los aspectos de la vida, puedes dominar tu respuesta emocional. La autonomía emocional es como una danza solitaria, donde cada paso es guiado por la música de tu propia creación. En la independencia emocional, cada decisión es un acto de libertad, cada acción una afirmación de autonomía. La tranquilidad verdadera viene de entender que tus emociones son valiosas guías internas, no dictadores tiránicos.

Encuentra la fuerza en la aceptación de que solo tú eres el custodio de tus emociones, el único que puede navegarlas con sabiduría. La independencia emocional es un viaje hacia el autodescubrimiento, donde cada experiencia enseña el valor de la autogestión. Sé dueño de tus emociones como el capitán es dueño de su barco, dirigiéndolo con confianza a través de mares turbulentos hacia aguas tranquilas. La paz emocional no es la ausencia de conflicto, sino la presencia de un espíritu que sabe coexistir con sus emociones en armonía.

La autonomía emocional es el arte de mantener la calma en cualquier tormenta, sabiendo que el control sobre tus emociones es tu poder supremo. Como un poeta que transforma el dolor en belleza, transforma cada desafío emocional en una oportunidad para crecer en serenidad y comprensión. La independencia emocional es la habilidad de ver cada situación a través de un lente claro, sin distorsión por emociones pasadas o temores futuros.

Encuentra el equilibrio entre sentir profundamente y no dejarte arrastrar por las corrientes emocionales, manteniendo siempre el timón firme. La serenidad emocional es un castillo cuyos muros son la autoconciencia y la autocompasión, protegiendo el tesoro de la paz interna. La independencia emocional se alcanza cuando reconoces que el único verdadero poder sobre tus emociones reside dentro de ti, no en las circunstancias externas ni en las opiniones de otros. En la quietud de tu ser interno, cultiva un jardín donde las semillas de la independencia emocional florezcan en cada estación.

La autonomía emocional es como un mapa estelar que guía a través de las noches oscuras del alma, mostrando caminos claros y serenos. Cada emoción que enfrentas es una ola; aprende a surfearla con destreza y no permitas que te arrastre hacia aguas turbulentas. La serenidad es el fruto de haber plantado árboles de comprensión profunda en el suelo fértil de tu conciencia. Como el escultor que libera la forma de la piedra, libera tu espíritu de las ataduras emocionales que lo limitan. La independencia emocional no se trata de aislar tus sentimientos, sino de integrarlos en un todo equilibrado y armonioso.

Encuentra la libertad emocional en la aceptación plena de tu complejidad interna, celebrando cada faceta de tu ser. La paz interna es tu brújula; sigue su dirección y nunca te perderás en el mar de las emociones colectivas. Sé cómo el fuego que transforma todo lo que toca; que tus experiencias emocionales te transformen en una versión más sabia y compasiva de ti mismo. La autonomía emocional es el arte de mantener tu centro, incluso cuando el mundo a tu alrededor parece girar en caos. Cada decisión tomada desde un lugar de calma y conocimiento propio es un paso hacia una mayor independencia emocional. Como el alquimista convierte los metales en oro, transforma tus reacciones emocionales en respuestas meditadas y sabias. La independencia emocional te permite navegar por la vida con la dignidad de quien sabe que sus emociones son asesores, no dictadores. Cultiva una isla de tranquilidad en tu interior; que sea tu refugio cuando las olas emocionales del mundo exterior se agiten.

La serenidad emocional es alcanzada cuando cada sentimiento es visto como una nube que pasa, observada pero no perseguida. La libertad verdadera es la capacidad de amar profundamente sin perderse en la profundidad de las emociones ajenas. En la arquitectura de tu vida, que la independencia emocional sea la columna que sostiene el techo de tu paz interna. La autonomía emocional es reconocer que puedes ser parte de una comunidad, compartir amor y soporte, sin perder tu integridad emocional. Como un río que fluye sereno a pesar de las corrientes cruzadas, así debe ser tu viaje hacia la paz emocional.

La independencia emocional se cultiva no solo en momentos de soledad, sino en la interacción diaria, eligiendo cómo y cuándo participar emocionalmente. La serenidad emocional es como el equilibrio de un funambulista; requiere práctica, concentración y la capacidad de moverse con gracia sobre la cuerda del caos emocional. Encuentra la libertad en la capacidad de responder a los demás con compasión sin perderse en sus tormentas personales. La independencia emocional es un acto de equilibrio entre conectarse profundamente con los demás y mantener un santuario interno de paz. Como el artista que pinta su realidad interna, así puedes colorear tus emociones con tonos de calma y autoconocimiento. La autonomía emocional te permite experimentar la vida plenamente, sin dejar que tus emociones dicten el curso de tu destino. La verdadera independencia emocional es cuando la soledad se siente tan enriquecedora como la compañía, cada una brindando sus propios regalos.

Sé cómo la montaña, cuya cima permanece imperturbable a pesar de la actividad en sus faldas; mantén tu serenidad, no importa lo que ocurra a tu alrededor. Cada emoción que manejas con sabiduría es una victoria en el camino hacia la autonomía emocional completa. En el jardín de tus emociones, sé tanto el jardinero como el observador; cultiva tus sentimientos con cuidado y observa cómo crecen y cambian. La independencia emocional es saber cuándo las puertas deben abrirse para compartir y cuándo deben cerrarse para reflexionar.

Como el poeta encuentra significado en palabras simples, encuentra profundidad y propósito en tus emociones más básicas. La serenidad emocional no es suprimir las olas, sino aprender a surfearlas con destreza y gracia. La autonomía emocional es la habilidad de ver las emociones no como obstáculos, sino como oportunidades para el crecimiento personal. En el teatro de la vida, mantén el papel principal en la narración de tus emociones, nunca dejando que otro dirija tu guion interno. La verdadera independencia emocional llega cuando dejamos de reaccionar de manera predeterminada y comenzamos a responder con deliberación. Sé el maestro de tus emociones, no su esclavo; que tus sentimientos sirvan a tu propósito, no al revés. La independencia emocional es como una canción compuesta en el silencio de tu alma, única y resonante con verdades personales. Encuentra fortaleza en la aceptación de tus emociones como parte de ti, pero no dejes que te definan completamente. La paz emocional es un océano profundo, debajo de las olas tumultuosas en la superficie; sumérgete en esa profundidad para encontrar calma.

La autonomía emocional es el regalo de entender que cada persona que encuentras tiene una tormenta interna propia, y no tienes por qué dejarte arrastrar por ella. La independencia emocional se forja en el reconocimiento de que mientras más entiendas tus emociones, menos te controlarán. Como el marino que ajusta sus velas para enfrentar el viento, ajusta tu enfoque emocional para mantener el curso hacia la serenidad. Cultiva la habilidad de estar en paz contigo mismo, sin depender de la aprobación o presencia de otros para validar tus sentimientos.

La autonomía emocional es entender que la felicidad verdadera proviene de tu interior, no de las circunstancias externas. Cada vez que eliges responder con calma en lugar de reaccionar con intensidad, fortaleces tu independencia emocional. Sé cómo el árbol que se adapta a las cuatro estaciones; cambia con ellas sin perder tu esencia ni tu raíz. La independencia emocional te permite disfrutar de las relaciones sin convertirlas en tu única fuente de bienestar. Como un pintor que elige los colores de su paleta con

intención, selecciona tus respuestas emocionales para crear
la obra de tu vida. La serenidad emocional es un viaje, no
un destino; cada paso, cada elección te acerca más a la paz
interior. La independencia emocional es la fuerza que te
permite enfrentar las críticas y elogios con la misma calma y
gracia. Cultiva un jardín interior donde puedas retirarte para
encontrar calma y claridad, sin importar la tormenta que se
desarrolle afuera. La autonomía emocional es como un
escudo invisible que te protege de ser herido por las flechas
de las expectativas ajenas. Encuentra en tu soledad un
refugio sagrado, un lugar donde la calma y la comprensión
son tus fieles compañeras.

La paz emocional es un regalo que te haces a ti
mismo, una joya que adorna tu vida desde dentro, no desde
fuera. La independencia emocional es reconocer que tu
bienestar emocional es tu responsabilidad, un tesoro que
sólo tú puedes cuidar. Como el sol que brilla por sí mismo
sin buscar luz externa, brilla con tu propia felicidad,
generada desde dentro. La serenidad emocional es un
estado de gracia alcanzable por todos, requiere práctica,
paciencia y una profunda comprensión de uno mismo.

La independencia emocional es la habilidad de
separar tus necesidades emocionales de las acciones de
otros, manteniendo tu equilibrio interno. Encuentra la
libertad al liberarte de la necesidad de que todos entiendan
o validen tus emociones; tú eres suficiente. La autonomía
emocional es la expresión más alta de auto amor, un
compromiso de nunca dejar que tus emociones sean
secuestradas por influencias externas. Cultiva la capacidad
de escuchar tus emociones sin ser gobernado por ellas; cada

una te enseña algo valioso sobre ti mismo. La independencia emocional es como un ancla que te mantiene firme, incluso cuando las olas de la opinión popular intentan arrastrarte. Encuentra en cada desafío emocional una oportunidad para reafirmar tu autonomía, aprendiendo a responder, no a reaccionar. Como el ermitaño que encuentra paz en la soledad, descubre la serenidad en tu independencia, donde cada pensamiento es una elección consciente. La serenidad emocional llega cuando dejas de temer estar solo, viendo la soledad como un compañero de crecimiento, no como un enemigo.

La autonomía emocional te permite ver las relaciones como adiciones a tu vida, no como fundamentos de tu felicidad. Cada momento de calma en medio del caos emocional es una victoria, un testimonio de tu fortaleza y tu crecimiento. Sé cómo el agua que fluye libremente, adaptándose a cada contorno, pero reteniendo siempre su esencia pura y tranquila. La independencia emocional no significa carecer de emoción, sino ser el maestro de tus emociones, no su servidor. Como el sabio que medita en silencio, encuentra profundidad y propósito en tu propia compañía, nutriendo tu alma con pensamientos de paz y claridad.

La verdadera libertad emocional surge de un profundo autoconocimiento y la aceptación de que sólo tú controlas tu paz interior. Cultiva la resiliencia emocional como el jardinero cuida sus plantas; con atención, amor y la sabiduría de saber cuándo es tiempo de podar. La serenidad emocional es el arte de construir puentes sobre los ríos turbulentos de la inseguridad y el miedo. Encuentra la independencia emocional al reconocer que cada persona es un universo, y tú eres el sol de tu propio sistema. La autonomía emocional es un baile entre ser sensible a los sentimientos de los demás y no dejar que esos sentimientos dicten tus acciones. Como el poeta que encuentra significados ocultos en palabras comunes, descubre el poder y la libertad en el manejo de tus emociones. La paz emocional es un tesoro que se encuentra no al final de un viaje, sino en cada paso consciente que das. La independencia emocional te permite experimentar la vida desde un lugar de fortaleza, donde las tormentas externas no pueden desequilibrarte.

Fortalece tu espíritu para que no dependa de la aprobación externa; tu valía es una luz que brilla desde dentro, no un reflejo de los demás. Encuentra el equilibrio en tu vida emocional como el acróbata en la cuerda floja; cada movimiento debe ser medido y cada paso seguro. La serenidad emocional es el resultado de un diálogo interno saludable, donde cada pensamiento se alinea con valores de autorespeto y comprensión. Como el navegante estelar utiliza las constelaciones para orientarse, usa tus valores internos para navegar el océano de tus emociones.

La independencia emocional se cultiva en el terreno de la autenticidad, donde ser fiel a uno mismo es la norma, no la excepción. Encuentra la libertad emocional al liberarte de los ciclos de culpa y remordimiento, abrazando cada experiencia como una lección de vida. La autonomía emocional es como una sinfonía bien dirigida, donde cada emoción tiene su lugar y tiempo, contribuyendo al conjunto sin dominarlo. Sé el arquitecto de tu fortaleza emocional, construyendo muros que protejan, pero que también tengan ventanas para dejar entrar la luz. La paz emocional es el premio para aquellos que han aprendido a caminar a través de sus tempestades internas sin perder el rumbo. Cada desafío emocional es una invitación a reafirmar tu independencia, a confirmar que ningún viento adverso puede desviar tu vela. Como el maestro que extrae sabiduría de simples lecciones, extrae fortaleza de cada interacción emocional, aprendiendo a estar más en control.

La serenidad emocional no es el silencio de las emociones, sino la orquestación cuidadosa de ellas, creando armonía en lugar de caos. Encuentra independencia emocional al aceptar que, aunque no puedes controlar todas las situaciones, siempre puedes controlar tu respuesta. Como el árbol que florece sin importar quién observa, florece emocionalmente por ti mismo, no para los demás. La autonomía emocional es reconocer que mientras puedas mantener la paz contigo mismo, estarás en paz con el mundo. Fortalece tu independencia emocional al enfrentar tus miedos, no evitándolos; cada miedo superado es una cadena rota.

La verdadera libertad emocional llega cuando las opiniones de los demás dejan de ser el espejo en el que te ves reflejado. Cultiva una independencia emocional que te permita amar profundamente, pero sin perder de vista el amor propio. La serenidad emocional es el arte de mantener la calma en cualquier tormenta, encontrando el centro de paz incluso en el ojo del huracán. Como el pintor que elige los colores de su paleta, elige tus emociones con intención, pintando tu vida con pinceladas de paz y equilibrio. Encuentra la libertad emocional al comprender que cada persona que encuentras está luchando su propia batalla interna, así como tú la tuya. La independencia emocional se alcanza cuando tu bienestar deja de depender de las circunstancias externas y comienza a florecer desde un jardín interno de autoaceptación y amor propio.

VIVIR CON PROPÓSITO

Vivir con propósito es encontrar en cada día una oportunidad de alinear tus acciones con tus valores más profundos, como el sol que nunca deja de brillar. El propósito da dirección al alma, guiando cada paso como una estrella fija en el cielo nocturno. En el camino de la vida, el propósito es la brújula que nos orienta, recordándonos siempre hacia dónde debemos dirigirnos. Vivir con propósito es como navegar con un mapa claro; cada tormenta se enfrenta con la certeza de un destino. El verdadero propósito no es una meta distante, sino un faro constante que ilumina cada momento presente.

Al encontrar tu propósito, descubres una fuente inagotable de energía, como un río que nunca deja de fluir. La vida sin propósito es como una hoja llevada por el viento; con propósito, te conviertes en el viento que dirige. Vivir con propósito es infundir cada acción con significado, viendo cada tarea como una pieza crucial en el mosaico de tu vida. El propósito transforma las rutinas en rituales sagrados, otorgando sentido a los actos más simples.

La búsqueda del propósito es la búsqueda de uno mismo, un viaje hacia el corazón de lo que realmente importa. Al vivir con propósito, cada desafío se convierte en una lección, cada obstáculo en una oportunidad para crecer. El propósito es la chispa que enciende la llama del entusiasmo, manteniéndola viva incluso en los momentos más oscuros. Como el jardinero que cuida su jardín, cuida tu propósito con dedicación y verás florecer una vida plena. Vivir con propósito es como escribir una poesía donde cada palabra, cada línea, tiene un peso y una belleza singular. Encuentra tu propósito y descubrirás una fuente de alegría que no depende de circunstancias externas. El propósito da forma a la vida, moldeándola como el escultor moldea la arcilla, creando algo hermoso y significativo. Vivir con propósito es caminar con confianza, sabiendo que cada paso, por pequeño que sea, te acerca a tu destino. El propósito no solo da dirección, sino también profundidad; es el ancla que mantiene el alma firme en el océano de la vida.

Cuando vives con propósito, cada día se convierte en una nueva página de un libro que vale la pena leer. El propósito es el hilo de oro que entreteje los días, dando coherencia y belleza al tapiz de la vida. Vivir con propósito es descubrir una melodía oculta en cada día, una canción que solo tú puedes cantar. El propósito es el faro que guía tu barco, incluso en las noches más oscuras, hacia un puerto de significado y realización. Al encontrar tu propósito, cada amanecer se convierte en una promesa de nuevas oportunidades y crecimiento.

Vivir con propósito es como ser el arquitecto de tu propio destino, diseñando cada detalle con intención y amor. El propósito es la estrella polar en el firmamento de la vida, siempre visible, siempre constante, guiando tu camino. Encuentra tu propósito y descubrirás una fortaleza interior que te sostendrá en los momentos más difíciles. Vivir con propósito es infundir cada acción con pasión, cada decisión con claridad, cada día con gratitud. El propósito transforma los obstáculos en escalones, elevándote hacia una vida de mayor significado. Como el río que encuentra su camino hacia el mar, así tu propósito te guiará hacia la realización de tus sueños. Vivir con propósito es abrazar cada momento con la certeza de que cada experiencia contribuye a un objetivo mayor. El propósito es la luz que disipa las sombras de la duda y el miedo, iluminando el camino hacia tu verdadero ser. Al vivir con propósito, cada desafío es una oportunidad para fortalecer tu espíritu y afinar tu visión.

El propósito es el compás interno que alinea tus acciones con tus aspiraciones más profundas y auténticas. Vivir con propósito es como cultivar un jardín de posibilidades, donde cada semilla plantada con intención florece en abundancia. El propósito da sentido al sufrimiento, transformando el dolor en una fuerza poderosa para el cambio y el crecimiento. Encuentra tu propósito y vivirás una vida de servicio, donde cada acto es una contribución al bienestar de los demás. Vivir con propósito es caminar con integridad, sabiendo que cada paso está guiado por tus valores y convicciones.

El propósito es el anhelo del alma por expresar su verdad, la llamada interna a vivir de manera auténtica y plena. Al vivir con propósito, cada día se convierte en una celebración de la vida, una danza de alegría y gratitud. El propósito es el fuego que enciende tu espíritu, llenando cada momento de energía, pasión y dirección. Vivir con propósito es descubrir la belleza en cada desafío, viendo cada obstáculo como un maestro en el camino de la vida.

El propósito es la brújula interna que nos mantiene firmes y enfocados, incluso cuando los vientos del cambio soplan con fuerza. Al encontrar tu propósito, descubres una fuente inagotable de inspiración, un manantial que nunca se seca. Vivir con propósito es como encender una vela en la oscuridad; su luz guía no solo tu camino, sino también el de otros. El propósito da significado a cada acción, infundiendo incluso las tareas más mundanas con un sentido profundo de realización. Encuentra tu propósito y verás cómo cada día se convierte en una aventura, una oportunidad para crecer y aprender. Vivir con propósito es como ser el autor de tu propia historia, escribiendo cada capítulo con intención y claridad.

El propósito es la piedra angular sobre la que construyes tu vida, dándole estructura y estabilidad. Al vivir con propósito, cada momento se llena de significado, cada decisión refleja tu verdadero yo. El propósito es la melodía que da ritmo a tu vida, una canción que resuena en cada acción y pensamiento. Vivir con propósito es como ser un faro en la tormenta, guiando no solo tu propio barco, sino también a aquellos que navegan cerca. El propósito transforma el cansancio en energía, la duda en certeza, la oscuridad en luz.

Encuentra tu propósito y experimentarás una paz profunda, una tranquilidad que viene de saber que estás en el camino correcto. Vivir con propósito es como plantar un árbol; con el tiempo, sus raíces profundas te sostendrán y sus frutos te nutrirán. El propósito es el aliento vital que da vida a tus sueños, llenándolos de fuerza y vigor. Al vivir con propósito, cada día se convierte en una oportunidad para manifestar tu visión, para hacer realidad tus aspiraciones. El propósito es la chispa divina que enciende tu alma, iluminando cada rincón de tu ser con claridad y dirección. Vivir con propósito es encontrar en cada amanecer una nueva oportunidad para acercarte a tus metas, para vivir plenamente. El propósito da coherencia a tu vida, entrelazando cada experiencia en una narrativa rica y significativa. Al encontrar tu propósito, descubres que la verdadera felicidad no está en los logros externos, sino en la realización interna. Vivir con propósito es como encender una antorcha en la noche, iluminando el camino tanto para ti como para aquellos que te siguen.

El propósito es la fuerza motriz que impulsa cada acción, infundiendo en ella una pasión y un sentido de dirección inquebrantable. Al encontrar tu propósito, cada día se convierte en una página nueva, llena de posibilidades y oportunidades para crecer. Vivir con propósito es ser consciente de que cada momento es una elección, cada elección un paso hacia tu destino. El propósito es la brújula que alinea tu corazón y tu mente, asegurando que tus pasos sigan el camino de tus valores más profundos.

Encuentra tu propósito y descubrirás una reserva interna de coraje, una fuerza que te sostiene en los momentos de desafío. Vivir con propósito es como sembrar semillas de intención; cada acción es una planta que florece con significado y belleza. El propósito da estructura a tu vida, transformando el caos en orden, la incertidumbre en claridad. Al vivir con propósito, cada experiencia se convierte en una lección, cada error en un maestro. El propósito es el faro en la niebla de la duda, una luz constante que guía tu camino hacia la realización. Vivir con propósito es ver cada amanecer como un recordatorio de la misión que te has propuesto cumplir. El propósito infunde de vida a tus sueños, transformándolos en metas tangibles y alcanzables. Encuentra tu propósito y descubrirás que incluso las tareas más mundanas se llenan de significado y satisfacción. Vivir con propósito es como tejer un tapiz, donde cada hilo representa una acción alineada con tus valores. El propósito es la melodía que da armonía a tu vida, sincronizando cada nota en una sinfonía de realización.

Al vivir con propósito, cada día es una oportunidad para acercarte más a tu verdadera esencia, a tu yo más auténtico. El propósito da sentido al sufrimiento, transformando el dolor en una fuerza poderosa para el cambio y el crecimiento. Vivir con propósito es encontrar en cada desafío una oportunidad para demostrar tu fortaleza y resiliencia. El propósito es la estrella que nunca se apaga, un faro constante en el horizonte de tus aspiraciones. Al encontrar tu propósito, descubres que la verdadera riqueza no está en lo que posees, sino en lo que haces con intención y amor.

Vivir con propósito es como cultivar un jardín; cada acción consciente es una semilla que florece en belleza y significado. El propósito es el fuego interno que nunca se apaga, alimentando tus días con pasión y determinación. Al encontrar tu propósito, cada día se convierte en una celebración de la vida, una danza con el destino. Vivir con propósito es reconocer que cada momento es una oportunidad para alinear tus acciones con tu verdad interior. El propósito transforma la rutina en ritual, infundiendo de significado cada acto cotidiano. Encuentra tu propósito y verás cómo incluso los días más oscuros tienen un resplandor de esperanza y claridad. Vivir con propósito es ser un faro de luz, no solo para ti mismo, sino también para quienes te rodean. El propósito es el hilo dorado que conecta tus aspiraciones con tus acciones, creando una vida de integridad y coherencia. Al vivir con propósito, cada desafío se convierte en una oportunidad para demostrar tu fortaleza y tu carácter.

El propósito es la brújula interna que siempre señala hacia el norte verdadero de tus valores y sueños. Vivir con propósito es como ser el autor de tu propia historia, escribiendo cada capítulo con pasión y precisión. El propósito da alas a tus sueños, permitiéndoles volar alto y lejos, alcanzando nuevos horizontes. Encuentra tu propósito y descubrirás una paz profunda, un sentido de pertenencia y dirección que trasciende el tiempo. Vivir con propósito es caminar con la certeza de que cada paso, por pequeño que sea, te acerca a tu destino.

El propósito infunde de energía cada acción, convirtiendo el esfuerzo en gozo y la lucha en triunfo. Al vivir con propósito, cada amanecer es una invitación a crear, a construir y a contribuir. El propósito es la estrella fija en el cielo de tu vida, siempre visible, siempre guiando. Vivir con propósito es encontrar en cada interacción una oportunidad para sembrar amor, esperanza y comprensión. El propósito transforma el miedo en valentía, la duda en convicción, la sombra en luz. Al encontrar tu propósito, te conviertes en el arquitecto de tu destino, construyendo una vida de significado y realización. Vivir con propósito es despertar cada día con una clara intención, sabiendo que cada acción es un paso hacia tu visión. El propósito es el faro que te guía a través de las tormentas de la vida, proporcionando claridad en medio del caos. Al encontrar tu propósito, cada momento se llena de significado, cada elección se vuelve una afirmación de tu camino. Vivir con propósito es como ser un alquimista, transformando las experiencias cotidianas en oro puro de realización.

El propósito infunde tus acciones con una energía vibrante, haciendo que incluso las tareas más simples brillen con significado. Encuentra tu propósito y sentirás una conexión profunda con todo lo que haces, uniendo tu mente, cuerpo y espíritu. Vivir con propósito es navegar por la vida con un mapa claro, sabiendo que cada desvío es una parte esencial del viaje. El propósito es la llama eterna que ilumina tu camino, proporcionando calor y dirección en los momentos más fríos y oscuros. Al vivir con propósito, cada desafío es visto como una oportunidad para crecer y expandir tu potencial. El propósito da coherencia a tu vida, uniendo cada experiencia en una narrativa rica y significativa.

Vivir con propósito es abrazar la incertidumbre con confianza, sabiendo que tu dirección está guiada por un objetivo mayor. El propósito es la melodía que armoniza tu vida, una canción constante que resuena con cada latido de tu corazón. Encuentra tu propósito y cada día se convierte en una oportunidad para manifestar tus sueños y aspiraciones. Vivir con propósito es encontrar alegría en el viaje, no solo en el destino, celebrando cada paso del camino. Al vivir con propósito, cada interacción con los demás se vuelve una oportunidad para compartir tu luz y tu visión. El propósito es el ancla que te mantiene firme en el mar de la vida, proporcionando estabilidad y seguridad. Vivir con propósito es ver cada amanecer como una nueva página, lista para ser escrita con tus intenciones y acciones. El propósito da sentido a cada desafío, transformando las pruebas en oportunidades para demostrar tu carácter. Encuentra tu propósito y descubrirás una fuerza interna que te impulsará hacia adelante, sin importar los obstáculos. Vivir con propósito es como ser un faro en la oscuridad, guiando tu vida con una luz que nunca se apaga.

El propósito transforma las dudas en certezas, las preguntas en respuestas y los caminos inciertos en senderos definidos. Al encontrar tu propósito, cada día se convierte en una oportunidad para vivir plenamente, con intención y dirección. Vivir con propósito es como ser el arquitecto de tu propio destino, diseñando y construyendo con precisión y amor. El propósito infunde de vida cada acción, cada pensamiento, cada palabra, convirtiéndolos en expresiones de tu verdadero ser. Encuentra tu propósito y sentirás una paz profunda, un sentido de pertenencia y dirección que trasciende las dificultades.

Vivir con propósito es caminar con confianza, sabiendo que cada paso te acerca más a la realización de tus sueños. El propósito es la estrella que nunca se apaga, una luz constante que ilumina tu camino hacia la realización. Al vivir con propósito, cada desafío se convierte en una oportunidad para crecer, para aprender, para ser más. El propósito da sentido a tu vida, proporcionando un marco dentro del cual cada experiencia tiene un lugar y un propósito. Vivir con propósito es como ser un pintor, creando una obra maestra con cada acción, cada decisión, cada momento. El propósito transforma la rutina en ritual, infundiendo de significado cada acto cotidiano. Vivir con propósito es ver cada día como una nueva oportunidad para manifestar tus sueños, para hacer realidad tus aspiraciones. Vivir con propósito es encontrar en cada desafío una oportunidad para demostrar tu fortaleza y tu resiliencia. Vivir con propósito es caminar con una visión clara, donde cada paso está alineado con tus más altos ideales y aspiraciones.

El propósito es la raíz profunda que sostiene el árbol de tu vida, proporcionando estabilidad y fuerza en cada tormenta. Al encontrar tu propósito, cada momento se convierte en una oportunidad para expresar tu auténtico ser. Vivir con propósito es como ser un músico que encuentra armonía en cada nota, creando una sinfonía de vida plena y significativa. El propósito es el hilo dorado que teje tus sueños y acciones en un tapiz de realización y éxito. Encuentra tu propósito y cada día se llenará de claridad y determinación, guiando tus pasos con certeza.

Vivir con propósito es ser un escultor de tu destino, moldeando cada experiencia con intención y amor. El propósito transforma los desafíos en lecciones, los obstáculos en oportunidades, el esfuerzo en logro. Al vivir con propósito, cada interacción se convierte en un acto de conexión y significado, cada acción en una expresión de amor. El propósito es la brújula que dirige tu vida hacia horizontes de realización y plenitud. Vivir con propósito es infundir cada día con la luz de la intención, iluminando cada momento con claridad y propósito. Encuentra tu propósito y descubrirás una fuerza interior que te llevará más allá de tus límites, hacia nuevas alturas de realización. Vivir con propósito es ver cada desafío como una oportunidad para crecer y expandir tu potencial. El propósito es la estrella polar en el cielo de tu vida, siempre visible, siempre guiando tu camino. Al vivir con propósito, cada día se convierte en una nueva oportunidad para manifestar tus sueños y aspiraciones. El propósito transforma la incertidumbre en confianza, el miedo en valentía, la duda en certeza.

Vivir con propósito es encontrar en cada momento una oportunidad para ser tu mejor versión, para vivir plenamente. Encuentra tu propósito y te convertirás en un faro de luz, guiando no solo tu camino, sino también el de aquellos que te rodean. Vivir con propósito es como ser un poeta, encontrando belleza y significado en cada palabra, en cada acción. El propósito es la guía que transforma tus sueños en metas alcanzables, infundiendo de claridad cada paso que das. Al encontrar tu propósito, cada día se convierte en un lienzo donde puedes pintar con los colores de tus aspiraciones.

Vivir con propósito es reconocer que cada experiencia, buena o mala, es un ladrillo en la construcción de tu destino. El propósito es la fuerza que te impulsa hacia adelante, incluso cuando los vientos de la adversidad soplan en contra. Encuentra tu propósito y descubrirás una paz interior que te acompañará en cada momento de tu vida. Vivir con propósito es como ser un jardinero, cuidando con esmero cada semilla de intención que plantas. El propósito da significado a tus acciones, transformando lo ordinario en extraordinario. Al vivir con propósito, cada reto se convierte en una oportunidad para demostrar tu carácter y determinación. El propósito es la estrella que brilla en el horizonte de tu vida, siempre guiándote hacia tus más altos ideales. Vivir con propósito es encontrar en cada día una nueva oportunidad para avanzar hacia la realización de tus sueños. El propósito transforma la rutina en una danza de significado, donde cada paso es una expresión de tu visión. Encuentra tu propósito y cada día será una aventura, una oportunidad para descubrir y crear.

Vivir con propósito es caminar con la certeza de que cada acción, por pequeña que sea, tiene un impacto en tu destino. El propósito es la llama que ilumina tu camino, proporcionando claridad y dirección en cada momento. Al vivir con propósito, cada decisión se alinea con tus valores y aspiraciones, creando una vida de integridad. El propósito da sentido a cada experiencia, transformando el dolor en sabiduría y la alegría en gratitud. Vivir con propósito es como ser un navegante, guiado por las estrellas de tus sueños y la brújula de tu corazón.

El propósito es la fuerza que te levanta cuando caes, la luz que te guía en la oscuridad. Encuentra tu propósito y descubrirás que la verdadera felicidad reside en vivir cada día con intención y pasión. Vivir con propósito es como ser un alquimista, transformando cada experiencia en oro puro de realización. El propósito infunde de vida cada pensamiento, cada palabra, cada acción, creando una sinfonía de significado. Al vivir con propósito, cada desafío se convierte en una oportunidad para crecer y expandir tu potencial. El propósito es la brújula interna que siempre señala hacia el norte verdadero de tus sueños y aspiraciones. Vivir con propósito es encontrar en cada momento una oportunidad para expresar tu verdadero ser. El propósito transforma la duda en convicción, el miedo en valentía, la incertidumbre en claridad.

Encuentra tu propósito y te convertirás en el arquitecto de tu destino, construyendo una vida de significado y realización. Vivir con propósito es ver cada día como una nueva página en el libro de tu vida, lista para ser escrita con intención y amor. El propósito da sentido a cada acción, infundiendo de significado incluso los actos más simples. Al vivir con propósito, cada día se convierte en una oportunidad para manifestar tus sueños y aspiraciones. El propósito transforma el esfuerzo en logro, la perseverancia en éxito, la dedicación en realización.

El propósito es la chispa que enciende el fuego de tu pasión, proporcionando calor y luz en los momentos oscuros. Encuentra tu propósito y descubrirás una fuente inagotable de energía, un manantial que nunca se seca. Vivir con propósito es como ser un escultor, moldeando cada experiencia con intención y amor. Al vivir con propósito, cada momento se llena de significado, cada elección se vuelve una afirmación de tu camino. El propósito es la estrella fija en el cielo de tu vida, siempre visible, siempre guiando tu camino.

FRASES ESTOICAS PARA LA VIDA

- ✓ "La felicidad de tu vida depende de la calidad de tus pensamientos." – Marco Aurelio
- ✓ "No es lo que te sucede, sino cómo reaccionas ante ello lo que importa." – Epicteto
- ✓ "El hombre que ha comenzado a vivir más seriamente por dentro, empieza a vivir más sencillamente por fuera." – Ernest Hemingway
- ✓ "La tranquilidad que proviene de saber que no hay nada que temer." – Séneca
- ✓ "Dificultades fortalecen la mente, así como el trabajo lo hace con el cuerpo." – Séneca
- ✓ "Elige no ser lastimado y no lo serás, no sientas que eres lastimado y no lo serás." – Marco Aurelio
- ✓ "El placer y la alegría no son el propósito del hombre, sino la virtud y la acción correcta." – Marco Aurelio
- ✓ "La verdadera medida de un hombre no es cómo se comporta en momentos de confort y conveniencia, sino cómo se mantiene en tiempos de controversia y desafíos." – Martin Luther King Jr.
- ✓ "No permitas que lo que no puedes hacer interfiera con lo que puedes hacer." – John Wooden

✓ "El hombre más poderoso es el que tiene poder sobre sí mismo." – Séneca

✓ "La riqueza no consiste en tener grandes posesiones, sino en tener pocas necesidades." – Epicteto

✓ "El destino guía a quien lo sigue de buen grado, y arrastra a quien se resiste." – Séneca

✓ "Aquel que obtiene la victoria sobre otros es fuerte; aquel que obtiene la victoria sobre sí mismo es poderoso." – Lao Tse

✓ "La naturaleza nos ha dado una lengua y dos oídos para que podamos escuchar más y hablar menos." – Epicteto

✓ "Lo que realmente asusta no es sufrir, sino temer al sufrimiento." – Séneca

✓ "No desperdicies lo que tienes deseando lo que no tienes." – Marco Aurelio

✓ "El deseo es una cosa frágil y de corta duración." – Epicteto

✓ "Si quieres mejorar, sé contento con parecer tonto y estúpido." – Epicteto

✓ "El hombre sabio se contenta con su suerte, sea cual sea, sin desear lo que no tiene." – Séneca

✓ "La única manera de ser feliz es vivir el presente, sin la angustia del futuro." – Marco Aurelio

✓ "No hay viento favorable para el que no sabe a qué puerto se dirige." – Séneca

✓ "La vida no es corta, sino que frecuentemente la hacemos corta." – Séneca

✓ "La opinión de los demás es un espejo que

refleja tus propios pensamientos y deseos." – Marco Aurelio

✓ "La vida es muy corta y ansiosa para aquellos que olvidan el pasado, descuidan el presente y temen el futuro." – Séneca

✓ "El que vive en armonía consigo mismo vive en armonía con el universo." – Marco Aurelio

✓ "La mayor parte de lo que decimos y hacemos no es esencial. Si lo eliminas, tendrás más tiempo y más tranquilidad." – Marco Aurelio

✓ "Haz cada cosa en la vida como si fuera lo último que hagas." – Marco Aurelio

✓ "La mayor bendición para la humanidad no está en nada fuera de nosotros, sino en nosotros mismos." – Epicteto

✓ "La vida es como una obra teatral: no es la duración, sino la excelencia de los actores lo que importa." – Séneca

✓ "El arte de la vida es más parecido a luchar que a bailar." – Marco Aurelio

✓ "Un hombre sin propósito es como un barco sin timón." – Thomas Carlyle

✓ "El placer y el dolor son simplemente percepciones." – Marco Aurelio

✓ "Nada, para un ser humano, es más soportable que aquello que ha decidido soportar." – Epicteto

✓ "La virtud es suficiente para la felicidad." – Zenón de Citio

✓ "Vive de acuerdo con la naturaleza." – Marco Aurelio

✓ "El hombre es responsable de su propia felicidad." – Epicteto

✓ "La mente es el espacio donde uno puede encontrar la paz." – Marco Aurelio

✓ "Nada nos pertenece, solo nuestros pensamientos." – Epicteto

✓ "Todo lo que oímos es una opinión, no un hecho. Todo lo que vemos es una perspectiva, no la verdad." – Marco Aurelio

✓ "La tranquilidad es una cuestión de elección." – Epicteto

✓ "El verdadero hombre no se preocupa por la aprobación o desaprobación de los demás, solo por la verdad." – Epicteto

✓ "La vida es larga si sabes cómo usarla." – Séneca

✓ "La riqueza consiste mucho más en el disfrute que en la posesión." – Marco Aurelio

✓ "El conocimiento sin integridad es peligroso y terrible." – Samuel Johnson

✓ "El éxito depende de la preparación previa, y sin ella seguro que llegará el fracaso." – Confucio

✓ "La adversidad es la piedra de toque del carácter." – Balzac

✓ "El hombre sabio es aquél que no se aflige por las cosas que no tiene, sino que se regocija por las que tiene." – Epicteto

✓ "El cambio es la única constante." – Heráclito

✓ "El secreto de la felicidad es no desear más, sino disfrutar más de lo que ya tienes." – Marco Aurelio

✓ "El hombre no se perturba por las cosas, sino por la opinión que tiene de ellas." – Epicteto